Olaf Meyer

Der Zauber des Lernens

Philosophische Reflexionen

Überarbeitete und erweiterte Auflage

Olaf Meyer

Der Zauber des Lernens

Philosophische Reflexionen

Bibliografische Information der Deutschen Nationalbibliothek: Die Deutsche Nationalbibliothek verzeichnet diese Publikation in der Deutschen Nationalbibliografie; detaillierte bibliografische Daten sind im Internet über http://dnb.dnb.de abrufbar.

Die automatisierte Analyse des Werkes, um daraus Informationen insbesondere über Muster, Trends und Korrelationen gemäß § 44b UrhG („Text und Data Mining") zu gewinnen, ist untersagt.

© 2024 Olaf Meyer

Zweite, überarbeitete und erweiterte Auflage

Coverfoto: Olaf Meyer©

Verlag: BoD · Books on Demand GmbH, In de Tarpen 42, 22848 Norderstedt

Druck: Libri Plureos GmbH, Friedensallee 273, 22763 Hamburg

ISBN: 978-3-7693-0614-9

für Elia, Lilian und Esther

Man möchte ein Pflaster auf vielen Wunden sein.

Etty Hillesum

Inhalt

Vorwort 9

Der Zauber des Lernens 13

Phönix aus dem Zweifel 53

Unerschütterlichkeit 61

Logisches Intermezzo 71

Ermöglichung und Freude 73

Reflexion der Reflexion 91

Gib keinen Garten je verloren 99

Epilog 105

Literaturverzeichnis 109

Vorwort

Orientierung setzt einen Kompass, einen Wegweiser, einen Maßstab voraus - Kriterien, nach denen wir uns richten können. Philosophie gibt uns solche Kriterien an die Hand. Auf diese Weise kann sie dazu beitragen, im Leben besser zurechtzukommen. Sie ist jedoch keine Psychotherapie und beansprucht auch nicht, diese zu ersetzen. Sie liegt vielmehr *vor* aller Psychotherapie. Denn die Frage, woran wir uns im Leben halten können, ist schon eine philosophische.

Die hier versammelten Texte sind im wesentlichen dieser Frage gewidmet und wurden mit Blick auf meine Patient*innen verfasst. Nachdem dem ursprünglichen Büchlein „Der Zauber des Lernens" eine unerwartete Resonanz beschieden war, habe ich mich zu einer (wie ich hoffe) verbesserten Neuauflage entschlossen und diese um weitere Reflexionen ergänzt, die das Thema unter anderen Aspekten beleuchten.

Der Haupttext *Der Zauber des Lernens* ist aus zahlreichen Gesprächen mit Antonia Isabelle Weisz hervorgegangen und versucht eine affirmative, mit Freude verbundene Haltung des Lernens zu begründen. Im zweiten Abschnitt *Phönix aus dem Zweifel* geht es um Philosophie selbst, um die Frage, was Philosophie ausmacht und was sie von den Wissenschaften unterscheidet, was also das Philosophische an der Philosophie ist. Der folgende Text *Unerschütterlichkeit* zeigt die Selbstwidersprüchlichkeit von Entwertungen auf, sowohl der Selbstentwertung als auch der Entwertung anderer. *Ermöglichung und Freude* setzt sich mit Spinozas Philosophie der Freude auseinander, die dazu auffordert, sich und anderen so viele Möglichkeiten wie möglich zu ermöglichen. Der Aufsatz *Reflexion der Reflexion* versucht darzulegen, dass wir uns in der Reflexion keineswegs verlieren, sondern erst durch sie die Kriterien gewinnen, die uns leiten können. *Gib keinen Garten je verloren* begründet, warum Hoffnung nicht irrational, sondern notwendig ist. Der *Epilog* schließlich fasst alle Texte unter einem Leitsatz zusammen; wer möchte, kann also den Epilog als Inhaltsangabe nehmen.

Dieses Buch, das vor allem nach dem Lernen fragt, verdankt sich selbst einem Lernprozess. So möchte ich neben den Autor*innen der verwendeten Literatur zunächst meinen Patient*innen danken, von denen ich vieles gelernt habe. Herzlich dankbar bin ich auch Antonia Isabelle Weisz, die mir wichtige Hinweise gegeben hat und, wie schon erwähnt, als Gesprächspartnerin einen wesentlichen Anteil an der Entstehung des Haupttextes hatte. Ihr Enthusiasmus hat mich ebenso inspiriert wie ihre künstlerische Arbeit als „poetische Spielraumeröffnerin".

Ein besonderer Dank gilt auch meinem philosophischen Lehrer Dietrich Böhler, der mir das dialogreflexive Denken erschlossen hat, sowie Bernadette Böhler-Herrmann, von der ich philosophisch ebenfalls viel gelernt habe. Für Inspiration und erhellende Gespräche danke ich zudem Simone Winkler. Desgleichen danke ich Daniela und Ulrich Burzeya, die die ursprüngliche Fassung von *Der Zauber des Lernens* kritisch durchgesehen haben. Zutiefst dankbar bin ich schließlich Esther Meyer für ihre luzide Begleitung und unglaubliche Unterstützung.

Der Zauber des Lernens

Eines Tages fragte ich meinen Sohn, der damals kurz vor seinem vierten Geburtstag stand, was der Sinn des Lebens sei. Mein Sohn antwortete, fast schon ein wenig gelangweilt und so, als wäre es das selbstverständlichste von der Welt: „klug sein"[1]. Ich war verblüfft und dachte: ja. Mit „klug sein" kann man alles machen. Sogar die Frage nach dem Sinn des Lebens beantworten.

Aus der philosophischen Begriffstradition heraus könnte man dieses „klug sein" auch als Weisheit fassen[2], zumal Philosophie ja wörtlich Liebe zur Weisheit oder Streben nach Weisheit bedeutet. In Platons Dialog *Euthydemos* jedenfalls zeichnet Sokrates die Weisheit als höchste Tugend aus und weist ihr eine Schlüsselrolle zu. So sagt er, dass alle anderen Güter

---

[1] Lilian David Meyer im Mai 2017.
[2] Platon trennt in seinen Dialogen nicht eindeutig zwischen Weisheit und Klugheit. Aristoteles dagegen grenzt im 6. Buch der Nikomachischen Ethik die theoretische Weisheit von der praktischen Klugheit ab.

und Tugenden wie zum Beispiel Tapferkeit nur insofern von Wert seien, als sie nicht töricht, sondern *weise* gebraucht werden.[3] Weisheit sei damit auch der Garant für Wohlergehen und Glück, das heißt für ein gutes, sinnerfülltes und damit gelungenes Leben: „Die Weisheit also macht, daß die Menschen in allen Dingen Glück haben. Denn nie wird die Weisheit etwas verfehlen, sondern immer richtig handeln und es erlangen. Denn sonst wäre es ja keine Weisheit mehr."[4]

So sehr es einleuchten mag, dass Weisheit ein gutes Leben ermöglicht oder, als gelebte Weisheit, es schon ist, so unklar ist, wie wir sie erreichen können. Welchen Kriterien muss ein Mensch genügen, damit er als weise gelten kann? Die Antwort liegt darin, dass Philosophie die mögliche Unerreichbarkeit der Weisheit bereits in ihrem Namen trägt. Denn als Liebe oder Streben nach Weisheit geht Philosophie gerade nicht davon aus, schon weise zu sein oder es werden zu können; Streben heißt nicht Vollendung, Liebe nicht Erfüllung. Dem

---

3 Platon: Euthydemos, 281.
4 Ebd., 280a.

entspricht, dass Sokrates an anderem Ort, in der *Apologie*, seine *Unwissenheit* herausstreicht: „Denn von mir selbst wußte ich, daß ich gar nichts weiß"[5].

Damit aber geraten wir in das Dilemma, dass Weisheit auf der einen Seite ein gutes Leben verspricht, auf der anderen Seite jedoch womöglich nicht erreichbar ist. Ein Ausweg aus diesem Dilemma zeichnet sich ab, wenn wir das gute Leben nicht vom Ende her, nicht von seiner Erfüllung her denken, sondern einen Schritt zurückgehen und nach der Voraussetzung, nach der Bedingung von Weisheit fragen. Weisheit setzt *Lernen* voraus. Ohne Lernen könnte es weder Klugheit noch Weisheit geben, weder Wissen noch Wissenschaft, weder Einsicht noch Vernunft[6]. Der Sinn des Lebens wäre demnach Lernen, etwas, das von allen erreicht und mit allen geteilt werden kann. Bereits Epikur verknüpft den Lebenssinn, den er in der Freude bzw. dem Genuss sieht, mit dem Lernen: „Bei anderen

---

5 Platon, Apologie, 22d.
6 Vgl. Böhler, Dietrich: Rekonstruktive Pragmatik, Frankfurt am Main 1985, S. 35.

Beschäftigungen wird die Ernte erst am Ende nach mühsamer Arbeit eingefahren; bei der Philosophie jedoch ist die Freude von Anfang an mit jedem Erkenntnisgewinn verbunden. Denn nicht nach dem Lernen kommt der Genuß, sondern Lernen und Genuß sind ein und dasselbe."[7] Auch Konfuzius preist das Lernen: „Etwas lernen und sich immer wieder darin üben, schafft das nicht auch Befriedigung?"[8] Ein weiteres Beispiel ist Spinoza, nach dem Denken und Fühlen keine getrennten Bereiche bilden. Lernen und Freude, Erkennen und Glückseligkeit fallen daher zusammen. Für Epikur, Konfuzius und Spinoza liegt das Glück also bereits im Lernen selbst; Lernen dient nicht dem Ziel, glücklich zu werden, sondern *ist* schon Glück.

Lernen bedeutet den Erwerb von Wissen oder einer Fertigkeit und betrifft alle Lebensbereiche, die persönliche Entwicklung ebenso wie das Miteinander in Familie und Gesellschaft. Die früheste Form des Lernens

---

[7] Epikur: Philosophie des Glücks. Übersetzt, ausgewählt und mit einem Nachwort versehen von Bernhard Zimmermann. Kleine Bibliothek der Weltweisheit 13, München 2006, S. 11.
[8] Konfuzius: Gespräche (Lun-yu), I, 1.

ist Spielen. Für ein Kind fallen beide in eins: Spielen ist Lernen, Lernen ist Spielen. Am Anfang ist dieses Lernen noch ungerichtet, ein reines Ausprobieren und Entdecken ohne bestimmtes Ziel. Später beginnt das Kind, sich eigene Zwecke zu setzen. Es sieht zum Beispiel seine Geschwister laufen und übt nun unermüdlich, um es selbst zu lernen. Das Kind entfaltet dabei seine Autonomie, seine Selbstbestimmung. Mit jedem Lernfortschritt erweitert es seinen Aktionsradius und wird selbständiger. In aller Regel sind diese Fortschritte mit unbändiger Freude verbunden. Laufen, Springen, Sprechen, das Begreifen erster Zusammenhänge – waren wir nicht alle glücklich, diese Dinge zu lernen?

Im Laufe des Lebens kann es jedoch passieren, dass uns das Lernen *verleidet* wird. Hierfür gibt es zahlreiche Gründe, etwa ein hoher Erwartungsdruck, schlechte Bewertungen oder Mobbingerfahrungen in der Schule. Lernen ist dann mit negativen Emotionen verbunden, etwa einem Gefühl von Hilflosigkeit, Frustration oder unendlicher Mühe. Manche sind sogar so entmutigt, dass sie sagen: „Ich *kann* nicht." Aber Joseph Jacotot und Jacques Rancière stellen klar, dass jede*r die Voraussetzungen erfüllt, um zu lernen: „Sag nicht, dass du es nicht kannst. Du kannst sehen, du kannst sprechen, du kannst zeigen, du kannst dich erinnern. Was braucht man mehr?"[9] Tatsächlich können wir mit Jacotot und Rancière postulieren: Grundsätzlich können alle Menschen lernen, niemand ist dumm. Wir haben alle die *gleiche* Intelligenz. Dass die einen intelligenter seien als die anderen, ist ein bloßes Vorurteil. Es gibt daher keinen Grund, sich anderen Menschen unter- oder überlegen zu fühlen. Zwar gibt es durchaus Unterschiede. Aber diese Unterschiede resultieren nicht aus einem Mehr oder Weniger an Intelligenz, sondern daraus, dass wir die gleiche Intelligenz unterschiedlich ausbilden oder auf unterschiedliche Dinge richten. Auch *Verstehen* ist daher keine besondere Befähigung, die vom

---

9 Rancière, Jacques: Der unwissende Lehrmeister. Fünf Lektionen über die intellektuelle Emanzipation, 3., verbesserte Auflage Wien 2018, S. 35.

Intelligenzgrad abhängt, sondern eine Frage der Übersetzungsarbeit.

Ein gewagtes Postulat? Auf den ersten Blick besteht der Beweis darin, dass wir alle in der Lage sind, dieses Postulat kritisch zu hinterfragen und zumindest insofern gleich intelligent sind. Genau genommen aber können wir die gleiche Intelligenz argumentativ gar nicht sinnvoll bestreiten, da wir sie in der Argumentation bereits voraussetzen; sonst wäre es sinnlos zu argumentieren. In jedem Fall wäre die Anerkennung aller als gleich intelligent ein *game changer*; sie würde die Beziehung zu anderen Menschen fundamental verändern. „Um das Menschengeschlecht zu vereinigen", schreibt Rancière, „gibt es kein besseres Band als diese allen gleiche Intelligenz. Sie ist das rechte Maß für seinesgleichen, das diese sanfte Neigung des Herzens erleuchtet, die uns dazu führt, uns gegenseitig zu helfen und zu lieben."[10]

---

10 Ebd., S. 88.

Doch zurück zur Realität des Lernens. Dass uns das Lernen zuweilen verleidet wird, hängt auch damit zusammen, dass es verzweckt, dass es instrumentalisiert wird und in der Regel unter Leistungs- und Wettbewerbsdruck steht. Wir lernen, um gute Noten oder „credit points" zu erhalten, wir lernen, um den Anforderungen am Arbeitsplatz zu genügen, wir lernen, um uns zu behaupten. Andere Formen und Inhalte des Lernens bleiben dabei auf der Strecke und geraten in Vergessenheit, etwa das entdeckende oder kreative Lernen. Dem entspricht, dass Kunst, Poesie und Philosophie häufig der Nutzen abgesprochen wird, obwohl ein Teil ihres „Nutzens" doch gerade darin liegt, Kategorien wie Nutzen oder Verwertbarkeit kritisch zu hinterfragen; ihr Element ist das Seinkönnen des Menschen und nicht seine Verwertbarkeit. Überhaupt dürfen wir nicht außer Acht lassen, dass das Lernen auch Gebiete umfasst, die auf keinem Lehrplan stehen. Anteilnahme und Mitgefühl zum Beispiel sind zwar schon angelegt, müssen aber (weiter-) entwickelt werden. Auch Verantwortung will gelernt sein. Selbst die Liebe kommt nicht ohne Lernen aus.

Angesichts der Zweck- und Leistungsorientierung des Lernens ist es kein Widerspruch, sondern nur konsequent, wenn Aufgaben mehr und mehr ausgelagert und an Maschinen delegiert werden, das heißt an Träger einer sogenannten künstlichen Intelligenz, kurz KI. Denn diese Maschinen sind zwar nicht intelligent – das ist eine bloße Projektion –, aber technische Hilfsmittel, die in dem, was sie beherrschen, dem Menschen teilweise überlegen sind. Im Grunde gäbe uns das die Zeit und Muße, uns vermehrt dem sozialen und kreativen Lernen zuzuwenden oder Humboldts Ideal einer „allgemeinen Menschenbildung."[11] Aber das liegt bisher allenfalls am Horizont. Stattdessen träumt so manche*r davon, mittels KI die Natur endgültig zu unterwerfen.

---

11 Zitiert nach: Geier, Manfred: Aufklärung. Das europäische Projekt, Reinbek bei Hamburg 2013, S. 359.

Ein weiterer Grund dafür, dass Lernen keinen ungetrübten Ruf hat, besteht darin, dass das, was wir durch Lernen erwerben, nämlich Wissen, selbst in Frage steht. Alles Wissen ist fehlbar und relativ[12], wenn nicht eine bloße Konstruktion oder gar Fiktion, lautet ein Diktum. Wenn aber Wissen unter dem Vorbehalt steht, fehlbar und relativ zu sein, so ist auch das Lernen eine unsichere Angelegenheit. Haben wir überhaupt etwas gelernt, wenn das, was wir gelernt haben, genauso gut ein Irrtum sein könnte?

In Wahrheit freilich handelt es sich hier um eine Überstrapazierung des Wissensbegriffs. Wir assoziieren Wissen mit Gewissheit, Unverbrüchlichkeit, ewigem Bestand und glauben daher, nur das sei Wissen zu nennen, was jeglichen Irrtum ausschließt. Aber ist nicht, wie Hegel fragt, „die Furcht zu irren schon der Irrtum

---

12 „Gegen die Überspanntheit eines arroganten Relativismus", schreibt Jürg Berthold, „hilft vielleicht eine Bemerkung von Clifford Geertz: Es wäre absolut absurd, in einer Kloake zu operieren, nur weil man eingesehen hat, dass es keine absolut keimfreien Umgebungen gibt." Berthold, Jürg: Stimmen. Aus dem beschädigten Selbstverständnis der Philosophie, Basel 2011, S. 48.

selbst"[13]? Tatsächlich birgt Wissen immer auch die Möglichkeit eines Irrtums. Wer etwas weiß, kann auch irren. Darin aber liegt kein Nachteil, vielmehr ein Vorteil. Denn es führt dazu, dass wir nicht blind einer dogmatischen Setzung, einer Autorität, dem Hörensagen, anekdotischen Berichten oder mangelhaften Studien folgen, sondern unser Wissen kritisch an der Sache prüfen, um es gegen Irrtümer abzusichern. So gehören Wissen und Irrtum zusammen: Ohne die Möglichkeit des Irrtums wäre Wissen nicht überprüfbar und daher kein Wissen.

Darüber hinaus sind Fakten und Sachverhalte, also das, wovon wir (auf sachlicher, kritisch überprüfter Basis) wissen, immer wieder politischen Angriffen ausgesetzt, sei es, dass sie verfälscht, verwässert, verdreht oder beschönigt, sei es, dass sie selbstwidersprüchlich als „fake" oder „Lüge" gebrandmarkt werden. Dabei geht es nicht um sachliche und daher legitime Kritik, sondern von vornherein um *Delegitimierung*. In den letzten

---

13 Hegel, Georg Wilhelm Friedrich: Phänomenologie des Geistes, Werke 3, Frankfurt am Main 1986, S. 69.

Jahren ist dieses Phänomen vor allem unter dem Begriff „post truth" bzw. „postfaktisches Zeitalter" verstärkt in den Blickpunkt gerückt. In Wirklichkeit aber wird dieses Mittel schon immer eingesetzt, um Zwietracht zu schüren und Machtinteressen durchzusetzen. Neu ist lediglich, dass dies in aller Öffentlichkeit und damit gegen alle Offensichtlichkeit geschieht und sich dabei insbesondere in den sozialen Medien wie ein Lauffeuer verbreitet. Was dahinter steht[14], ist neben Verunsicherung, Polarisierung und Emotionalisierung vor allem die bereits von Hannah Arendt beschriebene Strategie[15], Fakten und Argumente zu bloßen Meinungen herabzustufen, die genauso beliebig sind wie ihre Gegenpositionen. Denn wenn alles nur noch bloße Meinung ist, so das Kalkül, gibt es kein geteiltes

---

14 Vgl. Meyer, Olaf: „Verteidigung des Dialogs gegen seine Feinde", in: Bernadette Herrmann/Harald Asel/Dietrich Böhler (Hg.): Diskursverantwortung in Krisen- und Kriegszeiten, Baden-Baden 2023, Seite 114-119, hier S. 116-117.
15 Arendt, Hannah: Besuch in Deutschland. Die Nachwirkungen des Naziregimes, in: dieselbe: Zur Zeit. Politische Essays, hrsg. von Marie Luise Knott und übers. von Eike Geisel, Berlin 1986, S. 43-70, hier S. 46-48; online: https://jochenteuffel.com/2020/05/23/hannah-arendt-uber-die-deutschen, zuletzt aufgerufen am 20.11.2024.

Wissen und keine Geltungs- und Verbindlichkeitskriterien mehr, ja nicht einmal eine gemeinsame „Realität" und folglich auch keine Basis für einen Dialog. Damit wäre, wie Marina Weisband zeigt, der Weg frei für ein Diktat von „Wahrheit", für eine Diktatur.[16]

Ein letzter Punkt schließlich besteht darin, dass das ‚Wissen' in ethischen, politischen oder gesellschaftlichen Fragen häufig ein reines *Objekt*wissen ist, das die Betroffenen nur als Gegenstand, nicht aber als Subjekte und Dialogpartner*innen wahrnimmt und damit verfehlt. Ein Beispiel dafür ist jener Psychiater, der jede kritische Nachfrage von Patient*innen mit dem Hinweis erstickt, er sei der Fachmann.[17] Eine andere Form der Verdinglichung besteht in der Unsitte, den Wortlaut der Rede zu unterschlagen oder zu überspringen: statt auf

---

16 Weisband, Marina: Der Himmel ist grün – wie eine Demokratie fallen kann, https://www.youtube.com/watch?v=p_LHUFQCheA, zuletzt aufgerufen am 20.11.2024.
17 Noch immer empfinden viele Patient*innen die psychiatrische Behandlung als Strafe oder Gehirnwäsche. Glücklicherweise aber gibt es zunehmend häufiger Bestrebungen, die Behandlung kooperativ zu gestalten.

das *Argument* zu achten, wird nach Belieben ein *Dahinter* unterstellt, zum Beispiel wenn die Kritik einer Frau als „hysterisch" abgetan und entwertet wird. Tatsächlich liegt eines der größten Dialoghindernisse in der Unterstellung – in der mehr oder weniger willkürlichen Annahme, dass hinter der Rede etwas lauere, sei es ein verschleiertes „Motiv", sei es eine verborgene Intention, sei es eine Psychologie oder Psychopathologie. Durch die Unterstellung eines solchen Dahinters wird die Rede vernichtet; Thema ist jetzt nicht mehr die Rede selbst bzw. ihr Inhalt, sondern das Dahinter, das vermeintliche Motiv, das angeblich Gemeinte, die verdächtigte Psychologie oder Psychopathologie. Das Sprechen *mit* verkehrt sich in ein Sprechen *über*, in eine Verdinglichung; aus dem Dialog wird ein Monolog.

Eine weitere Form der Verdinglichung ist das Schubladendenken, demzufolge die vermeintlich objektive Einordnung eines Menschen in eine Klassifikation oder Typologie (z.B. „Persönlichkeitstypen") bereits das Wesentliche über diesen aussagt.

Menschen sind jedoch keine Botanik und gehen daher durch diese Etikettierung und Verobjektivierung als Individuen und Dialogpartner*innen in ihrer Einzigartigkeit und Fülle verloren. So kommt es, dass am Ende nicht nur die Argumente und Bedürfnisse der jeweiligen Menschen ignoriert werden, sondern auch ihr besonderes Erfahrungswissen, also jener einzigartige Wissensschatz, den sie sich durch Erfahrung und Übung angeeignet haben.

In der Politik geschieht dies zuweilen, wenn der Rat von Expert*innen eingeholt wird. Expert*innen sind – im Unterschied zu Laien – Sachkundige oder Sachverständige, die auf einem bestimmten Gebiet besonders bewandert sind. Entsprechend fungieren sie als eine Art Wanderführer*innen, die uns durch das jeweilige Terrain geleiten und Lösungen parat haben, sollte es auf dem Wege Schwierigkeiten geben. Daran ist für sich genommen nichts Schlechtes, im Gegenteil: In einer komplexen und unglaublich vielfältigen Welt können wir uns nicht auf allen Gebieten auskennen und brauchen daher Expert*innen, die uns die nötigen

Sachargumente liefern. Der Fokus auf Expert*innen kann jedoch zu einem Missverhältnis führen, nämlich erstens dann, wenn die Auswahl der Expert*innen selektiv erfolgt, also bereits gefärbt ist, und zweitens, wenn zu einem bestimmten Problem wie zum Beispiel Rassismus, Behinderung oder Armut nicht die betroffenen Menschen selbst, sondern nur Expert*innen gehört werden, die über diese Menschen berichten und vielleicht nicht einmal selbst mit ihnen gesprochen haben. Die Betroffenen werden dadurch zu Laien ihrer selbst degradiert und verlieren ihre Stimme. So moniert Dietrich Böhler: „Die Experteneinstellung verzichtet nicht nur auf Kommunikation, sondern hat eine dialogzerstörerische Tendenz, weil sie diejenigen, mit denen sie kommunizieren sollte, zum Objekt ihrer Kausalerklärungen macht und daher vorweg unterstellt, über die Motive und Interessen der verobjektivierten Menschen besser Bescheid zu wissen als diese selbst."[18]

---

18 Böhler, Dietrich: Zukunftsverantwortung in globaler Perspektive, Bad Homburg 2009, S. 81, vgl. auch S. 72.

Die doppelte Fehlbarkeit des Wissens, also die Tatsache, dass es irren oder am Betroffenen vorbeigehen kann, ist jedoch kein Grund, Wissen und Lernen zu verwerfen. Im Gegenteil, es bestärkt uns darin, Lernende zu bleiben oder uns als Lernende wiederzuentdecken: als Menschen, die nicht nur Neues dazu lernen, sondern auch Altes revidieren. Denn indem wir lernen, erweitern wir nicht nur unseren Horizont, sondern auch unseren Handlungsradius, die Reichweite unserer Autonomie. Wir gewinnen ein Stück Freiheit hinzu. Wenn wir zum Beispiel eine neue Sprache lernen, erschließen wir uns im Grunde eine neue Welt: Wir können uns nun mit den Menschen unterhalten, die diese Sprache sprechen, wir können ihre Bücher lesen und die Dialoge in ihren Filmen verstehen; wir lernen neue Ideen und Ansichten kennen, die Vorurteile aufbrechen, neue Perspektiven aufzeigen und unser Leben bereichern.

Im besten Fall kommen wir also in eine Aufwärtsspirale der *Ermöglichung*: durch Lernen entfaltet sich unsere

Autonomie, und die vermehrte Autonomie wiederum setzt uns in den Stand, neue Dinge zu lernen.

Hier zeigt sich, dass Autonomie und Lernen untrennbar miteinander verknüpft sind. Denn ohne Autonomie, ohne Selbstbestimmung gäbe es allenfalls ein vorgebahntes, aber kein einsichtsvolles Lernen, weil alles Diktat, weil alles determiniert wäre, das heißt „schicksalhaften Gesetzen unterworfen [...], auf die man nicht unabhängig reagieren kann, weil reagieren schon hieße, sie hätten unsere Reaktion bewirkt"[19] (Pessoa). Umgekehrt könnten wir ohne Lernen unsere Autonomie nicht entfalten, weil wir auf dem jetzigen Stand befangen blieben. Entwicklung wäre dann nicht möglich. Gleiches gilt für das, was wir Glück oder ein gutes Leben nennen: ohne Selbstbestimmung und Lernen hätten wir keine Chance, es selbst zu erreichen, sondern wären auf ein „gnädiges" Schicksal angewiesen.

---

19 Pessoa, Fernando: Das Buch der Unruhe, Zürich 2006, S. 14.

Lernen schafft aber nicht nur Freiheit, sondern ist auch wesentlich für einen guten Umgang miteinander. Denn je mehr wir voneinander lernen, desto besser können wir uns verständigen und aufeinander eingehen. Dies wird besonders deutlich, wenn wir die Gegenprobe machen und nach der *Amathia*, dem Nicht-Lernen, fragen. Was passiert, wenn wir nicht lernen? Sokrates gibt hierauf eine klare Antwort. So stellt er im bereits erwähnten Euthydemos-Dialog die Amathia, das Nicht-Lernen, der Weisheit gegenüber: die Weisheit sei das einzige Gut und die Amathia das einzige Übel.[20] Amathia lässt sich dabei, wie Sherwood Belangia zeigt[21], durchaus als „Unwillen" auslegen, als ein Nicht-Lernen-*Wollen*, also als das, was wir im Deutschen Ignoranz nennen. Nach dieser Deutung wäre die Amathia der Quell allen Übels bzw. alles Bösen, weil sie bei ihren Vorurteilen stehen bleibt und sich den Bedürfnissen anderer Menschen verschließt. Massimo Pigliucci[22]

---

20 Platon: Euthydemos, 281e.
21 https://woodybelangia.com/2014/09/08/ignorance-vs-stupidity, zuletzt aufgerufen am 20.11.2024.
22 Pigliucci, Massimo: Die Weisheit der Stoiker. Ein philosophischer Leitfaden für stürmische Zeiten, München 2017, S. 121-126.

zieht hier eine Parallele zu Hannah Arendts Begriff von der „Banalität des Bösen" und belegt dies mit einer Interviewpassage, in der Arendt sagt: „Eichmann war ganz intelligent, aber diese Dummheit hatte er. Das war die Dummheit, die so empörend war. Und das habe ich eigentlich gemeint mit der Banalität. [...] Das ist einfach der Unwille, sich je vorzustellen, was eigentlich mit dem anderen ist, nicht wahr?"[23]

Diese „Dummheit" darf, wie Arendt selbst verdeutlicht, nicht mit einem Mangel an Intelligenz verwechselt werden. Sie bedeutet vielmehr, um einen anderen Ausdruck Arendts zu verwenden, „Gedankenlosigkeit"[24]. Sie ist keine Dürftigkeit der Intelligenz, sondern der Aufmerksamkeit. Mehr noch: sie ist *Missachtsamkeit*; sie verabsolutiert das Eigene und sieht von der konkreten Menschlichkeit der anderen ab: von ihrem Leid, ihren Bedürfnissen, ihrer Würde. Sie ist,

---

23 Hannah Arendt im Gespräch mit Joachim Fest. Eine Rundfunksendung aus dem Jahr 1964, online unter http://www.hannaharendt.net/index.php/han/article/view/114/194, zuletzt aufgerufen am 20.11.2024.
24 Arendt, Hannah: Vom Leben des Geistes. Das Denken. Das Wollen, München 2008 (4. Aufl.), S. 14ff.

wie Bernadette Herrmann pointiert, „böse aus ‚bewusster Gedankenlosigkeit.'"[25]

Die Amathia hat also nicht nur eine passive Seite, sie ist kein bloßes Versäumnis. Ihre aktive Seite besteht darin, sich selbst zum Maßstab zu machen. Indem jemand sich selbst (oder seine „Gruppe") zum Maßstab macht, kann er alle anderen ignorieren und entwerten. Er kann sich überlegen fühlen und rücksichtslos verhalten. Sokrates sagt daher zu Recht, dass die Amathia der Quell allen Übels sei. Rührt nicht fast alles Unglück daher, dass die einen sich für wertvoller als die anderen halten, dass Menschen sich über andere Menschen oder Natur und Umwelt stellen?

Folgt man dieser Auslegung der Amathia, so wäre umgekehrt Weisheit immer auch eine Frage der *Aufmerksamkeit*. Aufmerksamkeit heißt, gegen den Strom der eigenen Vorurteile zu schwimmen. Iris

---

[25] Herrmann, Bernadette: „Das Problem des Bösen und der Begleitdiskurs", in: J. O. Beckers, F. Preußger u. Th. Rusche (Hg.): Dialog – Reflexion – Verantwortung. Zur Diskussion der Diskurspragmatik, Würzburg 2013, S. 99-106, hier S. 102.

Murdoch fasst Aufmerksamkeit im Anschluss an Simone Weil als die „Idee eines gerechten und liebenden Blicks"[26]. Dabei arbeitet sie heraus, dass Aufmerksamkeit voraussetzt, sich aus dem Gespinst von Einbildung und Selbstsucht zu lösen. Das Resultat ist eine freie und gerechte, eine unverstellte Sicht, die uns die Vielfalt ebenso wie die Bedürfnisse unserer Mitmenschen offenbart.[27] Das Problem freilich ist: „Der Unaufmerksame *sieht nicht*, *wieso* er aufmerksam sein sollte"[28] (Rancière). Schlimmer noch: er tritt gerne mit Füßen, was ihm helfen würde, sich aus dem Gespinst zu befreien, nämlich *Argumente*. Gelingt es ihm jedoch, seine Vorurteile über Bord zu werfen und sich aus den Fesseln der Ignoranz zu lösen, wird er frei für die Aufwärtsspirale von Lernen und Autonomie.

Die im Prozess des Lernens vorausgesetzte und durch ihn ermöglichte Freiheit ist freilich nicht grenzenlos.

---

26 Murdoch, Iris: Die Souveränität des Guten, Berlin 2023, S. 50.
27 Ebd., S. 81-82.
28 Rancière, Jacques: Der unwissende Lehrmeister. Fünf Lektionen über die intellektuelle Emanzipation, 3., verbesserte Auflage Wien 2018, S. 95.

Inwieweit wir frei handeln können, hängt vielmehr von zahlreichen äußeren und inneren Faktoren ab. Beginnen wir mit den äußeren, den Umweltfaktoren. Wie wir alle wissen, gibt es immer wieder Situationen, in denen unsere Handlungsmöglichkeiten beschränkt sind.

Der antike Philosoph Epiktet, der als ehemaliger Sklave weiß, was es bedeutet, benutzt und missbraucht zu werden, schlägt entsprechend vor, sich zunächst zu vergegenwärtigen, inwieweit die Dinge, die uns im Leben begegnen, überhaupt beeinflussbar sind.[29] Steht es in unserer Macht oder nicht, lautet die grundlegende Frage. Denn von der Beantwortung hängt ab, welchen Spielraum wir haben. Liegt etwas in unserer Macht, so können wir handeln und das jeweilige Problem lösen. Liegt etwas dagegen außerhalb unserer Macht, so sind uns sprichwörtlich die Hände gebunden. Uns bleibt nur, es hinzunehmen. Diese Hinnahme aber ist bei Epiktet keine bloße Resignation, kein bloßes Sich-Abfinden und

---

29 Siehe Epiktet: Handbüchlein der Moral, I,1-I, 4.

Fügen, sondern ein aktiver Prozess. Wir lernen – und das ist der entscheidende Dreh – das Unvermeidliche auf eine bestimmte Art und Weise hinzunehmen, nämlich *gelassen*, in aller Seelenruhe. Dadurch verhindern wir, dass es Macht über uns gewinnt, und wahren letzten Endes, zumindest ein Stück weit, unsere Autonomie. Dies lässt sich an einem einfachen Beispiel illustrieren. Sich über schlechtes Wetter zu ärgern, ist nicht nur sinnlos, weil wir es nicht ändern können, sondern räumt ihm auch Macht über uns ein – wir gestatten dem Wetter, uns die Laune zu verderben und verdinglichen uns damit. Aber es gibt auch Alternativen dazu: Anstatt uns über das Wetter aufzuregen, können wir geeignete Kleidung wählen, gelassen einen Regenschirm aufspannen (und dabei „singing in the rain" intonieren), einen gemütlichen Tag zu Hause verbringen oder uns einfach anderen Dingen zuwenden.

Dass es nicht nur im Alltag, sondern manchmal auch in ausweglosen Situationen gelingen kann, der Ohnmacht einen Rest von Souveränität abzutrotzen, bezeugen

Etty Hillesum und Viktor E. Frankl. So schreibt Hillesum, die „ein Pflaster auf vielen Wunden sein"[30] möchte, in einem Brief aus dem Durchgangslager Westerbork, kurze Zeit bevor sie in Auschwitz ermordet wird: „jeder weiteren Grausamkeit haben wir ein weiteres Stück Liebe und Güte entgegenzusetzen, das wir in uns selbst erobern müssen. Wir leiden vielleicht, aber wir dürfen daran nicht zugrunde gehen."[31]

Auch Frankl, der ebenfalls inhaftiert wird, aber die Shoa überlebt, bewahrt sich im Konzentrationslager einen Funken innerer Unabhängigkeit: „Das innere Können, die eigentliche menschliche Freiheit – sie konnte man dem Häftling nicht nehmen, auch wenn man ihm sonst alles dort nehmen konnte und auch tatsächlich dort genommen hat."[32] Frankl ist der Begründer einer sinnzentrierten Psychotherapie, die er Logotherapie nennt. Ein wichtiger Baustein dabei ist die Einsicht, dass

---

30 Hillesum, Etty: Ich will die Chronistin dieser Zeit werden. Sämtliche Tagebücher und Briefe 1941-1943, München 2023; S. 696.
31 Ebd., S. 787.
32 Frankl, Viktor E.: Über den Sinn des Lebens, Weinheim 2019, S. 101.

Sinn nicht nur in Tätigkeit und Gestaltung oder im Erleben (zum Beispiel von Kunst, Musik, Natur) liegt, sondern gerade auch in der Antwort auf Situationen, in denen wir machtlos sind.

Die genannten Beispiele zeigen, dass Hilflosigkeit nicht gleich Hilflosigkeit ist. Denn sobald wir (sofern noch möglich[33]) zwischen der unverfügbaren Situation und unserem Umgang mit ihr unterscheiden, bringen wir eine Distanz zwischen uns und die Situation. Wir schaffen einen gedanklichen Abstand und entziehen uns dadurch der endgültigen Hilflosigkeit, dem völligen Ausgeliefertsein. Der erste Schritt zur Seelenruhe, zur Gelassenheit ist getan. Zwar können wir dadurch der Situation nicht entfliehen, sie nicht bestimmen, sie nicht aus eigener Kraft zum Guten wenden. Aber wir können, sofern wir noch können, bestimmen, wie wir über die Situation denken. Wir können ihr zum Beispiel wie Hillesum ein Dennoch und Trotzdem der Liebe

---

[33] Natürlich gibt es auch Situationen, in denen ein „Umgang" nicht einmal im Ansatz möglich ist, weil der Geist dafür schlicht nicht frei ist, zum Beispiel wenn wir unter so starken Schmerzen leiden, dass sie allen Raum einnehmen.

entgegensetzen und so dafür sorgen, dass die Situation uns nicht alles raubt, sondern so wenig Raum einnimmt wie nur irgend möglich.

Diese Methode, die auf Epiktet und andere Vertreter der stoischen Philosophie (Stoa) zurückgeht, gilt freilich nur für Zwangslagen, in denen wir grundsätzlich (wie bei Natur- oder vergangenen Ereignissen) oder zumindest unmittelbar nichts ändern können. Unser Engagement in ethischen, sozialen und politischen Fragen hingegen bleibt davon unberührt. Denn soziale Ungerechtigkeit und gesellschaftliches Leid dürfen nicht dadurch gerechtfertigt und zementiert werden, dass ihre Bewältigung den Betroffenen aufgebürdet wird; hier müssen sich nicht die Opfer, sondern die Täter*innen und Strukturen ändern. Oder anders formuliert: Gelassenheit darf keinesfalls bedeuten, dass wir das kritische Denken aufgeben und untätig bleiben, wenn Menschen Ungerechtigkeit erfahren, ihre Freiheit bedroht oder ihre Umwelt zerstört wird. Gelassenheit kann im Gegenteil sogar zu unserem Engagement beitragen: Wenn wir aufhören, uns über das

Unabänderliche aufzuregen, wenn wir aufhören, mit dem Schicksal zu hadern, haben wir mehr Zeit und Kraft, um uns um sinnvolle Dinge zu kümmern, also zum Beispiel um Nachbarschaftshilfe, umweltbewusstes Verhalten oder politische Aktivitäten. Sogar unserer Sterblichkeit lässt sich auf diese Weise ein Sinn abgewinnen, wie Corine Pelluchon nahelegt: Verzichten wir auf die „Beherrschung des Unbeherrschbaren", so könne der Tod „uns sehen lassen, dass der Sinn der Existenz nicht die Rückkehr zu sich selbst ist, sondern die Antwort auf den anderen, die Verantwortlichkeit."[34]

Neben den äußeren sind es oft *innere* Faktoren, die uns daran hindern, uns selbst zu entfalten, womit ausdrücklich *nicht* behauptet werden soll, dass wir uns diese *ausgesucht* haben. Gleichwohl gibt es immer wieder Unterströmungen, Prägungen und Schablonen, die in uns wirksam sind; emotionale Fallstricke, in denen wir uns verfangen; Gewohnheiten und Routinen, die uns erstarren lassen; Einstellungen, die uns blind

---

34 Pelluchon, Corine: Ethik der Wertschätzung. Tugenden für eine ungewisse Welt, Darmstadt 2019, S. 118. Vgl. auch S. 283.

machen für die Lösung eines Problems; Überzeugungen, mit denen wir uns selbst im Wege stehen. Wie viele Menschen, um ein Beispiel zu nennen, schämen sich für sich selbst und meiden daher die Nähe zu anderen Personen, weil sie davon ausgehen, abgelehnt zu werden? Schon Epiktet betont, dass Selbstbestimmung und Wohlergehen weniger von den äußeren Umständen abhängen als von unseren Überzeugungen und Vorstellungen: „Nicht die Dinge selbst, sondern die Meinungen von den Dingen beunruhigen die Menschen"[35], lautet sein berühmtester Satz. Selbst der Tod sei nichts Schreckliches; schrecklich sei nur, dass wir ihn für etwas Schreckliches halten.[36]

Der Psychotherapeut Albert Ellis knüpft in seiner „rational-emotiven Verhaltenstherapie" an die Gedanken Epiktets an. Er kommt zu dem Schluss, dass bei der Entstehung psychischer Probleme und Störungen „dysfunktionale" Überzeugungen und

---
35 Epiktet: Handbüchlein der Moral, V.
36 Ebd.

Einstellungen eine große Rolle spielen.[37] Oft handelt es sich dabei um Minderwertigkeitsgefühle, in denen die Betroffenen sich als Versager, unzulänglich, unattraktiv oder wertlos empfinden. Entsprechend versucht Ellis, solchen selbstschädigenden Überzeugungen abzuhelfen und dabei den Patient*innen eine „unbedingte Selbstwertschätzung"[38] zu vermitteln. Ellis ist damit neben Aaron T. Beck Wegbereiter und Mitbegründer einer psychotherapeutischen Richtung, die als kognitive Verhaltenstherapie zusammengefasst wird und sich als weitere Therapieform neben der Psychoanalyse etabliert hat.

Aber auch außerhalb einer Psychotherapie kann es hilfreich sein, seine Vorstellungen und Überzeugungen zu hinterfragen. Können wir nicht schlafen, weil wir es uns nicht gönnen? Sind wir ausgebrannt und erschöpft, weil wir unseren Wert über Leistung definieren und daher nie das sprichwörtliche Hamsterrad verlassen?

---

37 Ellis, Albert u. Maclaren, Catharine: Rational-emotive Verhaltenstherapie, Paderborn 2015, S. 19.
38 Ebd., S. 91-93.

Werden wir schnell wütend, weil wir dazu neigen, die Äußerungen anderer als persönlichen Angriff zu interpretieren? Sind wir dogmatisch, weil wir nur das sehen, was unsere Überzeugungen bestätigt? Leiden wir unter Ängsten und Sorgen, weil uns das Vertrauen abhandengekommen ist? Nehmen wie eine Verbesserung der eigenen Situation gar nicht erst in Angriff, weil Veränderung immer auch Verlust bedeutet? Oder sind wir bereits so festgefahren, dass uns eine solche Verbesserung schlicht unmöglich erscheint?

Die Einsicht in solche Zusammenhänge ist eine wichtige Voraussetzung, um über uns selbst zu bestimmen. In vielen Fällen gehört aber noch etwas anderes dazu, nämlich Übung. Übung macht nicht nur den Meister, sondern bildet die Brücke zwischen Theorie und Praxis, Wissen und Anwendung. Im Sport müssen wir regelmäßig trainieren und Bewegungsabläufe hunderte, wenn nicht tausende Male üben, um sie wirklich zu beherrschen. Warum sollte das in Fragen der Lebensgestaltung anders sein? Tatsächlich reicht unsere Einsicht alleine oft nicht aus, etwas zu ändern, weil Gewohnheiten, Verhaltensmuster und Routinen so tief in uns verankert sind, dass wir gegen sie nicht ankommen. „Das Bessere seh ich und will es, Aber dem Schlechteren folg ich"[39], heißt es bei dem römischen Dichter Ovid. Wir müssen daher üben; Übung ist das Geheimnis der Selbstmetamorphose.

So schildert Ellis den Fall einer Schülerin namens Chana, die sich wegen ihrer „Schwächen", insbesondere Prüfungsangst, schämt und als minderwertig betrachtet. Im Rahmen von Übungen gelingt es Chana jedoch, ihre Situation zu verbessern, u.a. indem sie ihren Schulfreund*innen von ihren „Schwächen" erzählt: „Je mehr sie diese Schwächen eingestand, umso deutlicher erkannte sie, dass die meisten Leute sie trotzdem voll und ganz akzeptierten, und begann auch selbst, sich zu akzeptieren. [...] Ihre Angst vor der

---

39 Ovid: Metamorphosen, 7, 20.

Angst sank beträchtlich, und ebenso ihre primäre Angst vor Tests."[40]

Indem wir üben, indem wir trainieren, indem wir praktizieren, verinnerlichen wir, was wir gelernt haben. Aus der Einsicht erwächst so eine *Haltung*. Wichtig ist dabei, dass auch das Lernen selbst zu einer Haltung werden kann, zu einem Rückgrat. Was das bedeutet, lässt sich an unserem Umgang mit Fehlern veranschaulichen. Wenn wir einen Fehler machen, so zerfleischen wir uns häufig selbst. Wir üben keine Nachsicht, sondern gehen mit uns hart ins Gericht. Zerknirscht stellen wir uns selbst und unseren Wert in Frage.

Statt uns selbst zu verwerfen, können wir jedoch auch einen anderen Weg einschlagen. Ausgehend von der Einsicht, dass Fehler zunächst Fehler in der Sache sind und nicht in der Person, können wir versuchen, aus dem Fehler zu lernen und es beim nächsten Mal besser zu

---

[40] Ellis, Albert u. Maclaren, Catharine: Rational-emotive Verhaltenstherapie, Paderborn 2015, S. 103.

machen. Auch Wut lässt sich auf diese Weise filtern: Wenn wir uns zunächst fragen, was wir aus der betreffenden Situation lernen können, ist unsere Wut häufig schon beschwichtigt und bricht gar nicht erst aus.

Lernen in diesem Sinne ist eine Art Selbst- und Lebenshilfe. Diese Hilfe besteht darin, sich bei jedem Problem, jeder Belastung, jedem Konflikt zu fragen: Was kann ich daraus lernen? Im Idealfall wird dadurch das Geschehene überwunden. Der Blick wendet sich von der Vergangenheit ab und richtet sich auf Gegenwart und Zukunft. Statt uns in Selbstvorwürfen klein zu machen, wachsen wir. Statt unsere Energie in der Empörung über uns selbst zu verschwenden, nutzen wir sie, um uns weiterzuentwickeln. Statt uns in Wut und Zorn zu verlieren, werden wir konstruktiv.

In diesen Formulierungen deutet sich schon an, dass sich dadurch auch das Selbstverständnis wandelt: in der Haltung des Lernens werden wir zu Lernenden. Haben wir uns bisher als Makel, als defizitär und unzulänglich empfunden, so werden wir nun zu Personen, die sich entwickeln und eben dieses Vermögen besitzen: zu lernen. Haben wir uns hingegen als makellos betrachtet, waren wir vielleicht sogar hochmütig und arrogant, so werden wir geerdet: als Menschen, die niemals aufhören zu lernen. Waren wir schließlich starr und destruktiv, so werden wir beweglich; die Verkrustungen brechen auf.

Gleichzeitig verändert sich unsere Beziehung zu anderen Menschen. Denn sobald wir uns anderen Menschen in einer *Haltung des Lernens* zuwenden, hören wir auf, sie zu benutzen. Wir verdinglichen sie nicht mehr, instrumentalisieren sie nicht, ergreifen keinen Besitz von ihnen. Wir sehen in ihnen kein Objekt, keinen Gegenstand, kein Mittel zum Zweck. Wir treten ihnen weder bewertend noch abschätzig, weder herablassend noch missgünstig gegenüber. Wir hören vielmehr zu und werden aufmerksam für das Andere im anderen Menschen: seinen besonderen Blick, sein besonderes Wissen, aber auch seine besonderen Bedürfnisse. Wir entdecken im anderen eine Person, die etwas zu sagen hat und vieles weiß, von dem wir nichts wussten, ja nicht einmal eine Ahnung hatten. Auch Kindern öffnen wir uns auf diese Weise. Dadurch lernen wir sie nicht nur besser kennen, sondern hören auch vieles, das uns überrascht und erstaunt, Dinge, an die wir niemals gedacht hätten.

Indem wir anderen Menschen in einer Haltung des Lernens begegnen, sperren wir sie also nicht in unsere Vorstellungen ein, sondern lassen ihnen *Raum*. Wir nehmen uns zurück und klammern ein, was wir über den jeweiligen Mitmenschen zu wissen glauben. Statt voreingenommen versuchen wir, so vorurteilsfrei wie möglich zuzuhören. In aufmerksamer Hinwendung tragen wir Sorge, nicht vorschnell, vorgefasst oder oberflächlich zu urteilen, um den anderen nicht zu verfehlen. Wir üben Rücksicht und halten uns offen.

Kommen wir auf diese Weise als Lernende mit einer Person ins Gespräch, so erkennen wir ihre Würde, ihren inneren Wert, ihr Seinkönnen schon an. Zugleich wird diese Würde erfahrbar; sie bleibt kein abstrakter Begriff, sondern wird mit Leben gefüllt. Wenn auch die andere Person sich als Lernende versteht, entsteht daraus ein Dialog auf Augenhöhe, der von der Achtung des anderen Menschen in seiner Autonomie und Würde getragen wird: von der gegenseitigen Anerkennung als gleichberechtigt und gleichwertig.

Die Hierarchien und Einbahnsysteme sind damit aufgehoben. Denn die Haltung des Lernens impliziert, dass auch Eltern von ihren Kindern, Lehrer*innen von ihren Schüler*innen, Ärzt*innen von ihren Patient*innen usw. lernen können. Sie verheißt, dass in Prozessen der Entscheidungsfindung nicht Machtstrukturen zählen, sondern allein Argumente.

Aber damit nicht genug: In der Haltung des Lernens öffnet sich das Miteinander. Es eröffnen sich neue Spiel- und Möglichkeitsräume, Lichtungen, in denen wir uns nicht nur entfalten, sondern auch weiterentwickeln können, indem wir von-, mit- und aneinander lernen. Auf diese Weise entdecken wir nicht nur unsere konkrete Vielfalt, sondern vervielfältigen sie.

Gleiches gilt für unsere Beziehung zu Natur und Umwelt; auch diese verändert sich grundlegend, wenn wir uns als Lernende verstehen. Denn in der Haltung des Lernens beuten wir die Natur nicht rücksichtslos aus, sondern sind ihr dankbar. Wir erblicken in der Natur keine bloße Ressource, über die wir nach Belieben verfügen können. Wir versuchen vielmehr, von ihr zu lernen und sie zu achten. Wir sehen uns nicht als Zentrum und Nabel der Welt, sondern als ein Teil von ihr.

Am schönsten freilich wäre eine Gesellschaft, in der sich jeder Mensch als Lernender begriffe. In einer solchen Gesellschaft könnten wir uns gemeinsam entwickeln und gegenseitig aufbauen, ohne andere Menschen zu entwerten, zu unterdrücken oder auszubeuten. Ohne Krieg und Konkurrenzdruck wären wir frei und gleichzeitig unseren Mitmenschen verbunden. Wir wären Teil einer Gemeinschaft, in der jede*r jede*n als Individuum achtet und dabei auch das Wohl der Umwelt sowie zukünftiger Generationen nicht aus dem Blick verliert. Freiheit, Frieden, Verantwortung, Fürsorge und Freude fielen zusammen.

Eine bloße Utopie? Mag sein. Aber es würde alles verändern. Denn Lernen verwandelt. Lernen ist der Schlüssel zur Autonomie, zu einem guten Leben, zu einem besseren Umgang miteinander. Hierin liegt sein Zauber. Ganz ohne Hokuspokus.

Phönix aus dem Zweifel

In gewisser Hinsicht ist Philosophie ein Phönix aus dem Zweifel.[41] Sie erhebt sich aus der Asche, die Skepsis und radikale Kritik hinterlassen.

> *Den Zweifel durchschritten,*
> *alles bestritten, und*
> *Negativität durchlitten:*
> *erst dadurch fand ich Grund.*

Philosophie wird zum Phönix, indem sie sich auf sich selbst besinnt und zurückwendet: auf ihren Zweifel und ihre Kritik, auf ihr Denken und ihre Dialoge. In dieser reflexiven Bewegung, in dieser Selbsteinholung findet sie das Fundament, von dem aus sie sich entfalten kann.

---

41 Der Ausgang vom Zweifel widerspricht nicht jener Passage in Platons Dialog Theaithetos 155d, in der Sokrates sagt, es gebe „keinen andern Anfang der Philosophie" als das Erstaunen. Zweifel und Erstaunen, auch Befremden, ist gemeinsam, dass sie das Selbstverständliche aufbrechen. Sobald mich etwas erstaunt, befremdet oder zweifeln lässt, ist es nicht mehr unhinterfragt.

Anders als die Wissenschaften setzt Philosophie also weder ihren Gegenstand noch ihre Methode voraus. Sie löst sich vielmehr von allen Voraussetzungen, nimmt nichts als selbstverständlich hin, zweifelt alles an, misstraut allen Gewissheiten, klammert alles ein, stellt alles in Frage und auf den Prüfstand, weil sie sonst nur findet, was sie schon vorausgesetzt hat. Dies klingt bereits im Begriff der Philosophie an, den wir vermutlich Pythagoras verdanken: als Liebe zur oder Streben nach Weisheit und nicht schon Weisheit selbst gibt Philosophie gerade nicht vor, bereits im Besitz der Wahrheit zu sein. Auch Platon legt nahe, dass Philosophie nicht von Voraussetzungen ausgeht, sondern den umgekehrten Weg „bis zum Nichtvoraussetzungshaften" beschreitet, um „an den Anfang von allem"[42] zu gelangen. Berühmt für diesen Weg, der immer bedeutet, sich von den eigenen Vorurteilen zu befreien, ist vor allem René Descartes. „Zum ersten Erfordernis der Philosophie", berichtet

---

42 Platon: Politeia 511b.

Hegel „macht Descartes, daß man *an allem zweifeln*, d.h. alle Voraussetzungen aufgeben müsse."[43]

Somit stellt Philosophie alles grundsätzlich und grundsätzlich alles in Frage. Aber kann sie auch noch das Infragestellen selbst in Frage stellen? Genau das ist der Umschlagpunkt, an dem Philosophie zum Phönix wird. Denn in der Rückbesinnung, in der reflexiven Bewegung entdeckt sie, dass sie das Infragestellen selbst nicht mehr in Frage stellen kann, weil sie es bereits vollzieht, weil sie es gewissermaßen schon als Werkzeug benutzt. Sie erkennt, dass sie beinahe alles in Frage stellen kann, aber eben nicht alles.

Aus dieser reflexiven Einsicht, aus diesem Nicht-Alles gewinnt sie ihre Orientierung: Was kann ich nicht hintergehen, was muss ich selbst dann noch anerkennen, wenn ich alles in Frage stelle? Was kann ich nicht sinnvoll bestreiten oder bezweifeln und ist deshalb unbezweifelbar? Was kann ich kritisch nicht

---

43 Hegel, G.W.F.: Vorlesungen über die Geschichte der Philosophie, III, in Werke, Bd. 20, S. 127.

mehr unterlaufen? Was gilt notwendig, weil sein Gegenteil reflexiv unmöglich ist?

Aristoteles begründet auf diese Weise den Satz vom (ausgeschlossenen) Widerspruch, nach dem unmöglich ist, dass etwas in derselben Hinsicht zugleich sein und auch nicht sein kann. Aristoteles zeigt, dass wir diesen Satz nicht sinnvoll negieren können, weil seine Verneinung auf ihn zurückführt: Wer den Satz vom Widerspruch bestreitet oder in Zweifel zieht, wendet ihn bereits an, insofern er etwas *Bestimmtes* (und nicht zugleich etwas anderes) bestreitet bzw. bezweifelt. Wer restlos skeptisch sein will, kann dem Satz vom Widerspruch daher nur entkommen, indem er überhaupt nicht redet. Damit aber gleicht er, wie Aristoteles sagt, einer Pflanze.[44]

In der Tat führt die restlos radikale, die *skeptizistische* Skepsis in die Ausweglosigkeit, weil sie ihre eigene Geltung unterläuft. „Wie wir wissen", schreibt Mary Ann Evans alias George Eliot in ihrem Roman

---

44 Aristoteles: Metaphysik, IV, 4.

Middlemarch, „kann man Skepsis nicht auf alles anwenden, denn sonst käme das Leben zum Stillstand"[45]. Dass auch das philosophische Denken zum Stillstand käme, zeigt Spinoza. So führt er aus, dass jene, die eine radikale Skepsis vertreten, sich „ihrer selbst nicht inne" seien. „Wenn sie etwas behaupten oder bezweifeln, wissen sie nicht, daß sie es sind, die behaupten oder bezweifeln. Sie sagen, daß sie nichts wissen; selbst, daß sie nichts wissen, sagen sie, wüßten sie nicht. Aber nicht das einmal sagen sie uneingeschränkt, denn sie fürchten zuzugeben, daß sie existieren, solange sie es sind, die nichts wissen. Daher müssen sie endlich schweigen, um nicht vielleicht doch irgendetwas anzunehmen, das nach Wahrheit riecht."[46]

Als radikale Skepsis ist der Skeptizismus also selbstwidersprüchlich, weil er seinen Geltungsanspruch argumentativ nicht einlösen kann. Im Unterschied zum Zweifel, dessen Sinn darin besteht, „jedem Vorurteil

---

45 Eliot, George: Middlemarch. Eine Studie über das Leben in der Provinz, Hamburg 2019, S. 349.
46 Spinoza, Baruch de: Abhandlung über die Verbesserung des Verstandes, Werke Band 3, Hamburg 2006, S.21-22.

[zu] entsagen, d.h. allen Voraussetzungen", um „auf etwas Festes zu kommen", macht der Skeptizismus den Zweifel, so Hegel, zum „Resultat".[47] Er kann daher zuletzt nur schweigen und damit auch seinen Skeptizismus nicht mehr in philosophischer Rede vertreten.

Wir nennen einen derartigen Widerspruch einen pragmatischen (performativen, operativen, transzendentalen) Widerspruch, weil die Aussage dem widerspricht, was wir tun, *indem* wir die Aussage treffen, weil also der *Inhalt* der Rede der *Redehandlung* widerspricht. Um ein Beispiel aus der Praxis zu nennen, hier in literarischer Gestalt: *Belinda* deckt in der gleichnamigen, 1801 erstmals erschienenen Erzählung von Maria Edgeworth gleich einen doppelten pragmatischen Selbstwiderspruch auf. Als Lord Delacour Frauen zwar nicht Geist und Witz abspricht, aber doch die gleiche Berechtigung und Integrität dazu („versteckte Waffen"), entgegnet Belinda: „Aber ist es

---

[47] Hegel, G.W.F.: Vorlesungen über die Geschichte der Philosophie, III, in Werke, Bd. 20, S. 127.

denn gerecht, Milord, wenn Sie Ihren Geist und Witz einsetzen, um eben diese bei anderen zu beklagen?"[48], im englischen Original: „But is it fair, my lord, to make use of wit yourself to abuse wit in others?"[49] Die Protagonistin demaskiert damit einen zweifachen Widerspruch. Denn zum einen ist es ungereimt, anderen nicht zuzugestehen, was man für sich selbst in Anspruch nimmt.[50] Und zum anderen fordert Lord Delacour Belinda implizit – indem er ihr gegenüber einen Geltungsanspruch erhebt – geradezu auf, ihren Geist und Witz zu gebrauchen. Denn nur unter dieser Bedingung kann sie ihm ernsthaft beipflichten und ebenbürtig zustimmen, das heißt auf eine Weise, die wirklich zählt, wirklich Gewicht hat.[51] Letzten Endes

---

48 Edgeworth, Maria: Belinda, Stuttgart 2022, S. 185.
49 Edgeworth, Maria: Belinda, Chapter XII, online unter Project Gutenberg.
50 Wer für sich selbst das Recht in Anspruch nimmt, frei und daher auch mit Geist und Witz sprechen zu dürfen, beglaubigt im Gegenteil das gleiche Recht für alle anderen. Denn dieses Recht ist ja kein Privileg, das ihm alleine gehört. Vielmehr kommt es ihm nur deshalb zu, weil es für alle möglichen Gesprächsteilnehmer*innen gilt.
51 Lord Delacour setzt in seiner Redehandlung – indem er sich an Belinda wendet und ihr gegenüber einen Geltungsanspruch erhebt – bereits einen gemeinsamen Horizont, einen geteilten Geltungsrahmen, eine Gleichheit voraus, die im Widerspruch zu dem von ihm

verlangt er also Zustimmung zur Negation der Voraussetzung dieser Zustimmung und damit zu einer Unmöglichkeit. Diesem doppelten Widerspruch entspricht auf Seiten Belindas eine doppelte Konsistenz: Belinda widerlegt nicht nur Lord Delacour, sondern sie widerlegt ihn, indem sie ihren Geist und Witz einsetzt und dabei im Dialog auf den Dialog reflektiert. Während also bei Lord Delacour Argument und Redehandlung auseinanderfallen, fallen sie bei ihr zusammen. Belinda erweist sich damit als – Philosophin.

---

gesetzten Doppelstandard steht. Denn ohne einen gemeinsamen Horizont wäre es sinnlos, sich an sie zu wenden und ihr gegenüber einen Geltungsanspruch zu vertreten.

Unerschütterlichkeit

Logisch gesehen können wir nicht vom Sein auf das Sollen, nicht vom Natürlichen auf das Gute, nicht von Tatsachen auf Werte schließen; das wäre ein naturalistischer Fehlschluss. Rassismus, Antisemitismus, Sexismus, Queerfeindlichkeit, Ableismus, Klassismus und alle anderen Entwertungen von Personen sind daher nicht nur unmenschlich, sondern beruhen auf einem Fehlschluss.

Wer andere Menschen ausschließt oder entwertet, widerspricht zudem sich selbst, weil er seine Überzeugung, dazu berechtigt zu sein, also seinen Geltungsanspruch nicht einlösen kann. Denn Geltung gibt es nur im *Dialog*[52] – da wir über keinen unabhängigen Standpunkt, keinen objektiven Blick von außen verfügen, können wir immer nur *innerhalb* des Dialogs, das heißt intersubjektiv, von Mensch zu Menschen argumentieren (was selbstredend auch für diesen Satz gilt). Geltung setzt daher voraus, dass etwas

---

52 Unter Denken können wir einen virtuellen Dialog verstehen.

die begründete[53] Zustimmung aller potenziellen Dialogteilnehmer*innen finden kann. Diese Zustimmung aller aber ist nicht mehr möglich, wenn einem Teil von ihnen die Teilnahmeberechtigung (durch Ausschluss) oder die vollwertige Teilnahmeberechtigung (durch Entwertung) abgesprochen wird.[54] Man kann auch sagen: Wer für sich selbst in Anspruch nimmt, vollwertig am Dialog teilnehmen zu dürfen, kann dies nur deshalb tun, weil es für alle potenziellen Dialogteilnehmer*innen gilt. Damit aber bestätigt er die vollwertige Teilnahmeberechtigung aller anderen und kann diese daher nur um den Preis eines

---

53 Geltung erfordert eine sachliche Begründung, was die Illusion nährt, wir könnten das Element der Zustimmung einfach streichen. Das jedoch wäre selbstwidersprüchlich, weil wir dieses in unserer Redepraxis bereits voraussetzen. Unsere Redepraxis ist hier klüger als wir, weil sie nicht vorgibt, wir hätten einen objektiven Zugang zu den Sachen, der uns davon freistellt, unsere Rede anderen zur Prüfung vorlegen zu müssen. Dies zeigt auch das Kriterium der sachlichen Begründung selbst, das zwar eine Begründung an der Sache fordert, aber seinerseits nicht von der Sache her, sondern nur intersubjektiv begründet werden kann.

54 Genau aus diesem Grund lässt es sich auch nicht rechtfertigen, andere Menschen in ihren Möglichkeiten, in ihrem Seinkönnen zu hindern oder zu beschneiden – hierin liegt die argumentative Grundlage sowohl für die Haltung des Lernens, die ich im ersten Aufsatz darlege, als auch für das Ermöglichungsprinzip, das ich in *Ermöglichung und Freude* beschreibe.

Selbstwiderspruchs leugnen. Oder, noch einmal unter einem anderen Aspekt gefasst: Wer argumentiert, erhebt einen Intersubjektivitätsanspruch. Denn der umgekehrte Fall, ein *Bias*, das heißt eine subjektive Verzerrung, ein Vorurteil oder eine einseitige Färbung, würde die Geltungsfähigkeit seiner Argumente und zugleich seine Glaubwürdigkeit untergraben.[55] Daraus aber folgt, dass jemand, der argumentiert, nicht eine Person über die andere stellen kann, da er sonst seinen Intersubjektivitätsanspruch nicht einlösen kann. Das Gebot wiederum, nicht eine Person über die andere zu stellen, schließt eine Entwertung anderer Menschen aus. Es bedeutet im Gegenteil die Anerkennung aller als gleichwertig und gleichberechtigt.

Dass wir andere Menschen nicht ohne Fehlschluss und Selbstwiderspruch entwerten können, lässt sich also gut begründen. Wie aber verhält es sich mit unserem *Selbstwert* – gerade angesichts der Tatsache, dass nicht

---

[55] Vgl. Meyer, Olaf: „Verteidigung des Dialogs gegen seine Feinde", in: Bernadette Herrmann/Harald Asel/Dietrich Böhler (Hg.): Diskursverantwortung in Krisen- und Kriegszeiten, Baden-Baden 2023, Seite 114-119, hier S. 115.

wenige Menschen ihren eigenen Wert in Frage stellen oder sich sogar für minderwertig, wenn nicht wertlos halten und sich daher für sich selbst schämen?

Sprechen wir über unseren Selbstwert, müssen wir zunächst zwischen einem äußeren und einem inneren Wert unterscheiden. Der *äußere* Wert ist eine Zuschreibung, eine Bestimmung von außen – ein Preisschild, das wir auf die Dinge kleben. Auch unser Blick auf uns selbst ist häufig von außen bestimmt: Wir sehen und bewerten uns mit den Augen anderer.[56]

Der *innere* Wert dagegen ist unabhängig von einer äußeren Bestimmung. Er besteht im Gegenteil darin, sich selbst bestimmen zu können. Aus diesem Grunde ist es selbstwidersprüchlich, sich den inneren Wert abzusprechen. Denn was tun wir eigentlich, wenn wir uns als minderwertig oder wertlos begreifen? Wir bestimmen uns selbst, in diesem Fall eben negativ als wertlos oder minderwertig. Genau darin aber, in der

---

56 Vgl. Heller, Agnes: Die Welt der Vorurteile. Geschichte und Grundlagen für Menschliches und Unmenschliches, Wien/Hamburg 2014, S. 22f.

Möglichkeit der Selbstbestimmung, liegt unser innerer Wert. Indem wir also unseren inneren Wert in Abrede stellen, erweisen wir ihn. Wir erweisen, dass wir einen inneren Wert[57] besitzen, und zugleich, dass dieser innere Wert immer gilt, dass er *unerschütterlich* ist. Denn jeder Versuch, ihn zu negieren oder auch nur in Frage zu stellen, setzt ihn bereits voraus.

> *Ist alles Bruch und Trümmer,*
> *erscheint dir alles versehrt,*
> *so gilt eines doch immer:*
> *dein innerer Wert.*

In ihrem Roman „Drei starke Frauen" hat Marie NDiaye dieser Unerschütterlichkeit des inneren Wertes ein literarisches Denkmal gesetzt. Obwohl Khady Demba, die Protagonistin des dritten Teils, verstoßen wird und immer wieder Demütigung und Gewalt erfährt, findet sie Halt im Wissen ihres inneren Wertes:

---

[57] Der Titel für den inneren Wert des Menschen, die Möglichkeit seiner Selbstbestimmung, lautet seit Pico della Mirandola *Würde*. Pico della Mirandola, Giovanni: Über die Würde des Menschen, Zürich 1988.

„[...] *und dennoch blieb sie Khady Demba, einzigartig und notwendig in der Ordnung der Welt, auch wenn sie jetzt immer mehr all den umherirrenden, ausgehungerten Gestalten [...] glich, die durch die Stadt schweiften, auch wenn sie ihnen so sehr glich, dass sie dachte, was gibt es zwischen ihnen und mir für einen wesentlichen Unterschied?, worauf sie innerlich lachte, über ihren eigenen guten Witz entzückt, und sich sagte: Der Unterschied ist, dass ich ich bin, Khady Demba.*"[58]

‚Ich bin ich', erkennt also Khady Demba. Friedrich Hölderlin zufolge sind diese beiden Ich nicht identisch, sondern die „Ur=Theilung"[59] zwischen Ich-Sagendem und Ich-Gesagtem, zwischen dem auslegenden Ich und dem ausgelegten Ich, zwischen Subjekt und Objekt.

---

58 NDiaye, Marie: Drei starke Frauen, Berlin 2010, S. 335.
59 Zitiert nach: Schällibaum, Urs: Macht und Möglichkeit. Konzeptionen von Sein-Können im Ausgang von Hölderlin und Novalis, Wien 2013, S. 21.

Ich bin ich,

das sind schon zwei:

eines im Licht,

eines im Schatten,

eines die Plastik

und eines, das formt,

eines gedacht und eines,

das denkt,

eines

für das Ganze

und eines

vergessen.

Tatsächlich können wir, logisch gesehen, zwei Ich unterscheiden: eines, das sich auslegt (und insofern sich selbst bestimmt als...) und eines, das Objekt dieser Auslegung, dieser Selbstbestimmung ist. Manchmal kommt es vor, dass wir uns auf dieses zweite Ich reduzieren, auf das Produkt der eigenen Auslegung, das eigene Ich-Bild, das wir ja häufig nicht mit den eigenen, sondern den Augen anderer sehen. Khady Demba aber erfreut sich an dem ersten Ich, dem auslegenden Ich und eigentlichen Akteur – dieses Ich ist der Quell ihrer Unerschütterlichkeit, aber auch ihrer Freude, des Entzückens über den eigenen Witz. Denn das Bild, das wir uns von uns selbst machen, mag unbeständig und erschütterbar sein, nicht jedoch die Möglichkeit der Selbstbestimmung, die darin notwendig vorausgesetzt ist.

Der pragmatische Selbstwiderspruch, der in der Selbstentwertung liegt, zeigt sich aber nicht erst in der Selbstauslegung als minderwertig oder wertlos, sondern eigentlich schon zuvor in der (noch unbeantworteten) Frage nach unserem Wert. Denn wir sind der Frage, ob wir wertvoll oder wertlos seien, notwendig voraus. Schließlich müssen wir diese Frage ja allererst stellen können, stehen also bereits außerhalb oder eben vor der Klammer {wertlos oder wertvoll}. Nicht erst die Selbstherabsetzung als wertlos, sondern schon die Frage nach unserem Wert ist demzufolge stets nachträglich und unterbietet ihre eigene

Voraussetzung.[60] Letzten Endes ist also schon die Frage nach unserem Wert eine Verdinglichung, mit der wir uns als eine Sache, einen Gegenstand behandeln und damit verfehlen: als diejenigen, die diese Frage allererst ermöglichen.

So besteht unser Wert nicht in dem, was wir oder andere uns zuschreiben, sondern in unserem Zuschreiben- und Sein-*Können*; darin, dass wir nicht erst der Fluss, sondern schon die Quelle sind: Wir können uns als wertvoll oder wertlos bestimmen oder schon diese Frage als Verdinglichung zurückweisen und haben gerade deshalb einen transzendentalen Wert, der vor jeder Bestimmung liegt.

Bereits vor aller Zuschreibung von Wert, vor aller Wertung, sind wir also schon *wer*, sind wir schon *jemand*: Mensch, Denkende*r, Dialogteilnehmer*in. Als Voraussetzung seiner selbst aber ist dieser Jemand,

---

60 Der Widerspruch der Selbstunterbietung lässt sich auch so fassen, dass wir uns in der Selbstentwertung zum bloßen Objekt machen, dies aber nur als Subjekt tun können. Um uns zum Objekt machen zu können, müssen wir Subjekt sein.

der wir sind, nicht schon in ein wertendes Verhältnis gesetzt, nicht bereits als unterlegen oder überlegen bestimmt. Nicht unterlegen wiederum heißt, dass er nicht schon sich selbst entwertet, nicht überlegen, dass er nicht bereits andere entwertet. So schließt sich der Kreis: wer sich oder andere entwertet, unterbietet seine eigene Voraussetzung und unterläuft die Geltungsfähigkeit seiner Behauptung.[61]

---

[61] Dass wir uns selbst und andere Menschen nicht widerspruchsfrei entwerten können, dass wir einen inneren Wert besitzen, der in unserer Selbstbestimmung liegt, heißt freilich nicht, dass wir als Menschen im Zentrum der Welt stehen und mit der Natur machen können, was wir wollen. DAS *folgt* NICHT.

Logisches Intermezzo

Möglichkeit, Unmöglichkeit und Notwendigkeit bilden ein logisches Dreiecksverhältnis, eine begriffliche Ménage à trois: Das Gegenteil der Möglichkeit ist *Unmöglichkeit*, das Gegenteil der Unmöglichkeit aber *Notwendigkeit* und das Gegenteil der Notwendigkeit wiederum *Möglichkeit*. Aus diesem Grund kann Khady Demba sich als „einzigartig und notwendig in der Ordnung der Dinge" verstehen: Wir können unmöglich eine andere Person sein[62], also sind wir notwendig einzigartig; und wir können unmöglich nicht sein (oder, nachdem wir gestorben sind, nicht gewesen sein), folglich sind wir notwendig in der Welt.

Keineswegs notwendig hingegen ist es, die gleiche Unaufmerksamkeit oder den gleichen Fehler ein zweites Mal zu begehen; also ist es möglich, dazuzulernen und es beim nächsten Mal besser zu machen.

---

62 Sich selbst bestimmen heißt, sich als diese*r und niemand andere*n zu bestimmen.

Wir sind Seinkönnen und wir sind, was wir sein können.

Ermöglichung und Freude

Selbstbestimmung ist ohne Möglichkeiten nicht möglich, nicht denkbar. Selbstbestimmung setzt vielmehr Möglichkeit notwendig voraus, da das Gegenteil – Unmöglichkeit – die Unmöglichkeit der Selbstbestimmung selber wäre. Das Gegenteil zur Freiheit der Selbstbestimmung ist entsprechend Zwang. Gezwungen sein bedeutet, keine Möglichkeiten, keine Optionen mehr zu haben.

Zugleich schließt Selbstbestimmung ein Gebot der *Ermöglichung* ein, der Entfaltung, Erweiterung und Förderung des eigenen Vermögens: Je mehr ich vermag, je größer meine Möglichkeiten sind, desto weiter ist mein Aktionsradius, desto besser kann ich mich selbst bestimmen, desto mehr Autonomie besitze ich. Spinozas Idee von einem Streben der Naturdinge nach Selbsterhaltung (conatus[63]) und des Menschen nach Förderung des Tätigkeitsvermögens (potentia

---

63 „Ein jedes Ding strebt, soviel an ihm liegt, in seinem Sein zu beharren." Spinoza: Die Ethik, Pars III, Lehrsatz 6.

agendi), wie er sie in seiner *Ethik* darlegt, lässt sich auf diese Weise reflexiv wenden, das heißt als etwas, das ich nicht ontologisch[64], sondern notwendig voraussetze, weil ich mich sonst in einen Widerspruch verwickeln würde. Denn das Gebot der Ermöglichung kann ich nicht sinnvoll in Frage stellen, da das Gegenteil, die Verunmöglichung[65], auch die Möglichkeit beschneiden würde, es in Frage zu stellen oder kritisch zu beleuchten. Aus dem gleichen Grund – weil ich andernfalls den Geltungsboden unter mir wegzöge – könnte ich auch nicht rechtfertigen, andere Menschen in ihren Möglichkeiten, in ihrem Seinkönnen zu hindern.[66]

---

64 Wer sich auf das Sein oder die Natur beruft, läuft immer Gefahr, einen doppelten Fehlschluss zu begehen: Zuerst legt er in das Sein bzw. die Natur selbst hinein, was er aus ihr ableitet (petitio principii), dann schließt er vom Sein auf das Sollen oder vom Natürlichen auf das Gute (naturalistischer Fehlschluss).
65 Eine Hemmung oder Minderung des Vermögens wäre eine partielle Verunmöglichung.
66 Wenn ich andere Menschen in ihren Möglichkeiten beschneide, schränke ich ihre Dialogteilnahme ein und kann daher meinen Geltungsanspruch nicht einlösen, da Geltung die begründete Zustimmung aller möglichen Dialogteilnehmer*innen voraussetzt und damit auch ihre uneingeschränkte Teilnahme. Geltung setzt Möglichkeit und Ermöglichung, setzt Seinkönnen voraus. Da *Lernen*

Spinozas Ethik ist auch deshalb aufschlussreich, weil sie der emotionalen Dimension unserer Selbstbestimmung gerecht wird. Schließlich lassen sich Fühlen und Denken nicht trennen. Gefühle sind nicht unabhängig von unserem Denken, und umgekehrt ist unser Denken oft von Gefühlen beeinflusst. Für Spinoza stellt sich daher nicht die Frage, ob wir Freiheit von Emotionen erlangen oder unsere Gefühle beherrschen können, sondern ob wir in ihrem Zusammenhang gestärkt oder geschwächt werden, ob also unsere potentia agendi, unser Tätigkeitsvermögen, gefördert oder gehemmt wird. Denn schlecht ist alles, was uns herunterzieht, also in Traurigkeit versetzt und damit gleichbedeutend unser Tätigkeitsvermögen mindert – und das ist alles Negative von außen. Gut dagegen ist alles, was uns aufbaut, also Freude macht und damit gleichbedeutend unser Vermögen fördert – komme es von außen oder aus unserer eigenen Vernunft. Die höchste Freude aber, die Glückseligkeit, resultiert aus der eigenen Vernunft, weil

---

eine Form der Ermöglichung ist, liegt hierin auch die Begründung für die Haltung des Lernens, die ich in *Der Zauber des Lernens* darlege.

Vernunft agiert und nicht leidet[67], weil ihr Handeln nicht von außen verursacht, nicht manipuliert ist, sondern auf *Einsicht* beruht. Das Glück liegt also im vernünftigen Erkennen und damit gleichbedeutend in der Selbstbestimmung. Beispielhaft dafür ist das Erfahrungslernen: Wenn ich aus einer schmerzlichen Erfahrung etwas Grundlegendes (also mehr als bloße Vermeidung) lerne und mein Handeln danach ausrichte, wandle ich Betrübnis in Freude, Passivität in Aktivität, Ohnmacht in Vermögen. Überhaupt ist Lernen (sofern es uns nicht verleidet wurde) der beste Beleg für die Verbindung von Freude und Steigerung des Vermögens: Welch unbeschreibliches Glück empfinden Kinder, wenn sich ihnen ganz neue Möglichkeiten auftun, zum Beispiel weil sie laufen oder sprechen lernen.

So wie Denken und Fühlen untrennbar miteinander verbunden sind, lässt sich auch das Wollen nicht von

---

[67] Das Bemühen um Einsicht, um eine vernünftige Lösung, ist gerade kein Leiden. Entsprechend lässt Yalom Spinoza sagen: „Ich glaube nicht, dass Hinterfragen ein Leiden ist. Blinder Gehorsam, ohne nachzufragen, das ist das Leiden." Yalom, Irvin D.: Das Spinoza-Problem, München 2012, S. 190.

diesen isolieren. Der Wille ist kein gesondertes Vermögen, keine ominöse Kraft, sondern ein reflexiver Begriff, der im Zusammenhang mit Denken und Fühlen betrachtet werden muss. Dieser Zusammenhang zeichnet sich dadurch aus, dass ich mich *freue*, wenn etwas mein Vermögen stärkt, meine Möglichkeiten erweitert, meinen Aktionsradius vergrößert. Genau aus diesem Grund kann ich es *wollen*. Freue ich mich dennoch nicht, will ich es trotzdem nicht, so deshalb, weil etwas meiner Freude entgegensteht, nämlich eine (irregeleitete) Sicht der Dinge, die Möglichkeit in Verlust oder Ungewissheit kehrt und mich darum betrübt oder ängstigt. Eine reine Erkenntnisfreude dagegen, das heißt eine ungetrübte Einsicht, kann durch keinen anderen Affekt gehemmt werden.

Ein Beispiel für eine Affekthemmung ist der Investitionsfehlschluss: Obwohl mein Projekt ein Fehlschlag war, kann ich nicht loslassen, weil ich ja schon „so viel" investiert habe und daher nur den Verlust, die verschwendete Zeit und Mühe, und nicht die neuen Möglichkeiten sehe, die ein radikaler Schnitt ermöglichen würde. In solchen Fällen scheint es hilfreich, sich die Frage zu stellen: Was würde ich wählen, „wenn ich mich nur von Grund auf entscheiden könnte"[68]?

Ein weiteres Beispiel ist die Nachbarschaftshilfe, die die Möglichkeiten aller Beteiligten erweitert und daher mit Freude verbunden ist, jedoch scheitern muss, wenn Missgunst, Neid oder Rivalität im Spiel sind. Was im kleinen „Nachbarschaftskrieg" heißt, kann im großen nach einem Ausdruck Gilles Deleuzes „Verrat am Universum"[69] genannt werden: Vor unserer Geburt und nach unserem Tod existieren wir eine Ewigkeit nicht, aber statt uns in dieser kurzen Spanne dazwischen am Leben zu erfreuen und uns gegenseitig zu unterstützen und aufzubauen, missbrauchen wir sie in vielen Fällen, um Hass und Zerstörung zu verbreiten.

---

68 Spinoza, Baruch de: Abhandlung über die Verbesserung des Verstandes, Werke Band 3, Hamburg 2006.
69 Deleuze, Gilles: Spinoza – Praktische Philosophie, Berlin 1988, S. 21.

Ein drittes Beispiel schließlich besteht nach den Worten des antiken Philosophen Bias darin, „sich in das Unmögliche zu verlieben"[70]. Denn die Fixierung auf etwas Unerreichbares kann nicht nur zu Enttäuschung und Leid führen, sondern verstellt auch den Blick auf die Möglichkeiten, die wir jetzt schon haben.

Wenn etwas mein Vermögen schmälert, meine Möglichkeiten mindert, so leide ich unter *Traurigkeit*. Dabei gilt: Meine Traurigkeit suche ich mir nicht aus. Im Gegenteil: sie hindert mich daran, mein Leben zu leben. Warum sollte ich sie also selbst verursacht haben? (Es sei denn, ich wähle ein kleineres Übel, um ein größeres zu vermeiden.) Meine Traurigkeit kann folglich nicht aus innerer Notwendigkeit, sondern nur von *außen* kommen, sei es durch eine Erkrankung, einen Schicksalsschlag, eine Zwangslage, schlechte Erfahrungen oder irregeleitete Vorstellungen. Wenn etwas von außen verursacht wird, muss es eine Gegenhandlung, eine Re-Aktion hervorrufen, also be-

---

[70] Diogenes Laertius: Leben und Meinungen berühmter Philosophen, I,5, 86.

handelt werden. Kann ich es nicht oder nur partiell behandeln, so muss ich versuchen, mich neu zu orientieren, um damit bestmöglich umzugehen. Auch dies ist eine Form der Handlung, der Selbstbestimmung. Wird sie von ungetrübter Einsicht getragen, verwandelt sie Traurigkeit in Freude.

Spinoza setzt also an die Stelle des Gegensatzes von Fühlen und Denken bzw. Leidenschaft und Vernunft eine Dichotomie von Passivität und Aktivität bzw. Leiden und Handeln.[71] Passivität ist dabei eine Einwirkung von außen, die entweder unser Vermögen fördert und deshalb mit Freude einhergeht oder unser Vermögen hemmt und uns daher in Traurigkeit versetzt. Aktivität hingegen ist ein vernunftgeleitetes Handeln, das unser Vermögen stärkt und daher mit Freude verbunden ist[72]. In dieser Aktivität fallen

---

71 „Il remplace la dualité raison/affectivité par la dualité activité/passivité." Lenoir, Frédéric: Le Miracle Spinoza. Une philosophie pour éclairer notre vie, 2017, S. 213.
72 Daneben gibt es für Spinoza auch ein vernünftiges Handeln ohne Affekt.

Vernunft, Freude, Handeln und Freiheit zusammen, und genau darin finden wir Glückseligkeit.

Wenn wir möchten, können wir aus Spinozas Lehre eine Art Kompass für unsere Lebensgestaltung gewinnen. Nach dem Vorbild des Kopfkissenbuchs von Sei Shōnagon[73] könnten wir damit beginnen, zwei Listen gegenüberzustellen. Auf die erste Liste schreiben wir, was uns aufbaut, auf die zweite, was uns herunterzieht und vergiftet. Anschließend versuchen wir, den Dingen auf der ersten Liste mehr, den Dingen auf der zweiten Liste weniger Raum in unserem Leben zu geben. Wir können uns zum Beispiel so weit wie möglich von Personen mit toxischem Verhalten fernhalten, wie u.a.

---

73 Sei Shōnagon, die japanische Autorin, erstellt um die Wende zum 11. Jahrhundert Listen, zum Beispiel „Was Herzklopfen verursacht", „Was schnell vorbei geht" oder „Was süße Erinnerungen weckt". Wichtig dabei ist meines Erachtens nicht nur der Inhalt dieser Listen, etwa dass „eine helle Mondnacht" „süße Erinnerungen" weckt. Von Bedeutung ist vielmehr auch, dass Sei Shōnagon, indem sie diese Listen schreibt, sich auf sich selbst besinnt und sich dadurch selbst auslegt, selbst bestimmt. Auf diese Weise kann sie die Dinge, die sie beschäftigen, in eine poetische Ordnung bringen und in Beziehung setzen - untereinander und zu sich selbst. Sei Shōnagon: Das Kopfkissenbuch einer Hofdame. Aus d. Japan. übers. u. hrsg. v. Mamoru Watanabe. Illustr. v. Masami Iwata. 13. Auflage, München/Zug 1996.

Leon Battista Alberti empfiehlt[74] (der sich freilich misogyn und insofern selbst toxisch äußert). Aber damit nicht genug: in vielen Fällen können wir die Dinge auf der zweiten Liste gedanklich so transformieren, dass sie sich in Freude verwandeln und damit auf die erste Liste gehören. Höhenangst etwa, wie sie sich zuweilen (scheinbar grundlos) in den mittleren Jahren entwickelt, kann restlos wieder verschwinden, wenn es gelingt, das Vertrauen in das Leben zurückzugewinnen.

Spinoza wirft auch Licht auf einen Begriff, der im Alltag einen großen Stellenwert hat, nämlich den des Bauchgefühls oder der inneren Stimme. Auf sein Bauchgefühl zu hören, sich im Leben von ihm leiten zu lassen, muss nicht heißen, irrational zu agieren. Es kann auch bedeuten, im Einklang von Gefühl und Ratio zu handeln. Nishida Kitarō konstatiert „das tiefe Bedürfnis der menschlichen Seele, Erkenntnis und Gefühl

---

74 „Um jegliche Schwere der Seele von uns auszuschließen, gebietet es sich, jene Orte, jene Dinge und Personen zu fliehen, die nur dazu taugen, Ungemach und Aufregung in unser Leben zu bringen." Alberti, Leon Battista: Über die Seelenruhe, Berlin 2022, S. 52.

miteinander in Einklang zu bringen"[75]. Das Problem freilich ist, dass dieser vermeintliche Einklang auch im Negativen bestehen kann, zum Beispiel zwischen Hass und einer entsprechenden Rationalisierung. Spinoza gibt darauf eine Antwort, indem er zeigt, dass solcher „Einklang" unser Vermögen schwächt, also uns herunterzieht, weil er nicht auf innerer Notwendigkeit beruht, sondern auf einen trügerischen Einfluss, einer inadäquaten Idee. Was er dagegen setzt, ist die gegenteilige Übereinstimmung von Vernunft und Freude. Er liefert damit ein Kriterium, wann wir auf unser Bauchgefühl vertrauen können: nämlich dann, wenn es uns aufbaut, also unser Seinkönnen erweitert und daher mit Freude verbunden ist.

Überhaupt macht Spinoza deutlich, dass sich auf bloße Negativität, auf Verneinung oder Abwesenheit kein Leben gründen lässt. Denn so wie es nach einem Beispiel Spinozas[76] Unsinn ist, schwarz und weiß in

---

75 Nishida Kitarō: Über das Gute *(Zen no kenkyū*, 1911), Frankfurt am Main 1989, S. 72.
76 Spinoza: Die Ethik, Pars IV, Erläuterung zu Lehrsatz 32.

farblicher Hinsicht nicht als Kontrast, sondern als Einheit aufzufassen, nur weil sie beide nicht orange sind, so können wir kein uns gemäßes Leben führen, wenn es nur im Negativen mit uns übereinstimmt. Schließlich gilt: „Dinge, die allein in der Verneinung oder demjenigen, was sie nicht haben, übereinstimmen, stimmen in Wahrheit in nichts überein"[77]. Emilie du Châtelet argumentiert in diesem Sinne, wenn sie sich gegen eine Verabsolutierung von Epikurs Glücksingredienz der Schmerzvermeidung wendet: „wäre das Fehlen des Schmerzes unser einziges Ziel, lohnte das Leben die Mühe nicht; das Nichts wäre besser: denn das ist gewiss der Zustand, in dem man am wenigsten leidet"[78]. Gleichwohl spielt das Negative in unserem Leben eine große Rolle, weil es eine Projektionsfläche bietet, in die alles Mögliche hineingelegt werden kann und so das erlaubt, was Kant ein „unendliches Urteil" nennt (schwarz und weiß sind nicht nur nicht orange, sondern auch nicht rot, nicht

---

[77] Ebd.
[78] Madame du Châtelet: Rede vom Glück. Discours sur le bonheur, Berlin 1999, S. 29.

blau, nicht salzig, nicht süß usw.). Populist*innen nutzen das, um möglichst viele Menschen hinter sich zu bringen, indem sie vorzugsweise gegen, aber kaum jemals für etwas votieren und so die Identifikationsmöglichkeiten ins Unendliche ausdehnen.[79] Rosi Braidotti dagegen fordert, gestützt auf Spinoza und Deleuze, eine „Politik der Affirmation"[80], der Bejahung, die sich nicht am Mangel, sondern an der Fülle orientiert.

Nicht Mangel, sondern Fülle – dies bedeutet auch, den Akzent im Leben weniger auf die Defizite als auf die Möglichkeiten zu legen, also nicht auf das, was wir nicht oder nicht mehr können, sondern auf die Fülle von Möglichkeiten, die das Leben bereithält. Älterwerden zum Beispiel kann die Klage über den Verlust der Jugend sein, aber auch das freudige Erstaunen darüber, um Barbara Pyms Roman *Quartett im Herbst* zu zitieren,

---

[79] Zorn, Daniel-Pascal: Logik für Demokraten, Stuttgart 2017, S. 67- 70.
[80] Braidotti, Rosi: Politik der Affirmation, Berlin 2018.

„welch endlose Möglichkeiten zur Veränderung das Leben auch jetzt noch"[81] bietet.

Von praktischer Relevanz ist auch, dass Spinoza das Verhältnis von Glück und gutem Handeln umkehrt: Wir werden nicht glücklich, weil wir gut handeln, sondern wir handeln gut, insofern wir glücklich sind. „Die Glückseligkeit ist nicht der Lohn der Tugend, sondern die Tugend selbst"[82], heißt es in der *Ethik*. Das Glück ist dabei, wie oben gezeigt, das Ineins von Einsicht und Freude und bedeutet die Bejahung des Lebens in dem, was es ermöglicht. Um dies an zwei Beispielen zu veranschaulichen: Aus Spinozas Sicht wird jemand, der das Rauchen aufgibt, nicht glücklich, weil es ihm gelingt; vielmehr gelingt es ihm umgekehrt, insofern er bereits glücklich ist, das heißt eine entsprechende Erkenntnisfreude besitzt. Gleiches gilt, wenn wir anderen Menschen helfen – die Freude, die wir dabei

---

81 Pym, Barbara: Quartett im Herbst, Köln 2021, S. 234.
82 Spinoza: Die Ethik, Pars V, Lehrsatz 42. „Beatitudo non est virtutis praemium, sed ipsa virtus."

empfinden, ist nicht die Belohnung, sondern als Erkenntnisfreude der Motor unserer Hilfe.

Spinozas berühmtes Wort, dass nichts dem Menschen nützlicher sei als der Mensch, ist daher auch nicht als Instrumentalisierung seiner Mitmenschen oder Egoismusformel zu verstehen. Seine Aussage entspringt vielmehr der Einsicht, dass wir im Verbund und Zusammenwirken mit anderen Menschen deutlich mehr Möglichkeiten haben, als wenn wir auf uns alleine gestellt sind, und dass ein Zusammenleben, das von Verantwortung, gegenseitiger Hilfe und Kooperation geprägt ist, der Erhaltung und Entfaltung aller dient. Wollte man – nach eine Idee Heinz von Foersters, die von Urs Schällibaum[83] und Daniel-Pascal Zorn[84] aufgegriffen wird – die Ethik Spinozas in einen kategorischen Imperativ gießen, so würde er entsprechend lauten:

---

83 Schällibaum, Urs: Macht und Möglichkeit. Konzeptionen von Sein-Können im Ausgang von Hölderlin und Novalis, Wien 2013.
84 Zorn, Daniel-Pascal: Vom Gebäude zum Gerüst. Entwurf einer Komparatistik reflexiver Figurationen in der Philosophie, Berlin 2016.

Handle so, dass du dir und anderen so viele Möglichkeiten wie möglich ermöglichst.

Folgt man diesem Imperativ, so sind Hass und Gewalt ausgeschlossen, weil sie nicht die Möglichkeiten mehren, sondern in Wahrheit vernichten. Das gleiche trifft auf die Ausbeutung und Zerstörung der Natur zu, die zwar kurzfristigen Profit verspricht, aber langfristig mehr Möglichkeiten zunichtemacht als schafft. Auch Vorurteile sind mit dem Imperativ nicht vereinbar: Wer Vorurteile hegt, bringt sich und andere um die Möglichkeiten, die außerhalb des engen Zirkels der eigenen Vorurteile liegen[85]; er spinnt sich ein und kann daher weder zu seiner eigenen noch zur Entfaltung anderer beitragen[86]. Gleiches gilt für Verantwortungs-

---

85 „Es gehört zu jeder starken Natur", schreibt George Eliot, „sich selbst zu verdächtigen und die Wahrheit ihrer eigenen Eindrücke zu bezweifeln, weil sie sich der Möglichkeiten jenseits ihres eigenen Horizonts bewußt ist." George Eliot, Romola, Bergisch-Gladbach 1998, S. 335-336.
86 So gesehen setzt Entfaltung voraus, seinen Vorurteilen zu entsagen, sich aus ihnen zurückzuziehen. „Allein der Rückzug erlaubt die Entfaltung", schreibt François Jullien im Hinblick auf den Daoismus. Jullien, François: Philosophie des Lebens, Wien 2012, S. 80.

losigkeit[87] und Egoismus – auch diese bedeuten eine Beraubung, weil sie kurzsichtig nur den nahen Vorteil sehen, aber nicht die zahllosen Möglichkeiten jenseits davon.

Wer dagegen Kooperation, Freundschaft und Liebe sucht und anderen Menschen in einer Haltung des Lernens begegnet, öffnet seinen Horizont: Er eröffnet eine Lichtung, in der Menschen sich gemeinsam entfalten, gegenseitig stärken und miteinander entwickeln können. So sagt Spinoza „Für den Menschen

---

[87] Das diskurspragmatische Verantwortungsprinzip *Handle stets so, dass du es im Dialog gegenüber allen anderen verantworten kannst* lässt sich meines Erachtens gut mit dem Ermöglichungsprinzip vereinen, zumal beide – Verantwortung und Ermöglichung – Sinnkriterien des argumentativen Dialogs sind. Denn Verantwortungslosigkeit würde Möglichkeiten vernichten, und umgekehrt würde die Beschneidung von Möglichkeiten zum einen die Einlösbarkeit unseres Geltungsanspruchs unterlaufen, zum anderen uns unter Umständen daran hindern, unserer Verantwortung gerecht zu werden. Zum diskurspragmatischen Verantwortungsprinzip siehe Böhler, Dietrich: Verbindlichkeit aus dem Diskurs. Denken und Handeln nach der Wende zur kommunikativen Ethik – Orientierung in der ökologischen Dauerkrise, Freiburg/München: Studienausgabe 2014, S. 316-317; ferner Meyer, Olaf: Verteidigung des Dialogs gegen seine Feinde, in: Bernadette Herrmann/Harald Asel/Dietrich Böhler (Hg.), Diskursverantwortung in Krisen- und Kriegszeiten, Baden-Baden 2023, Seite 114-119, hier S. 114.

ist daher nichts nützlicher als der Mensch, und nichts Vorzüglicheres, behaupte ich, vermögen die Menschen zur Erhaltung ihres Seins sich zu wünschen, daß alle in allem derart übereinstimmten, daß alle Geister und Körper zusammen gleichsam einen einzigen Geist und einen einzigen Körper bildeten und alle zumal, so viel als möglich, ihr Sein zu erhalten strebten, und alle zumal den gemeinsamen Nutzen aller für sich suchten: woraus folgt, daß Menschen, die von der Vernunft geleitet werden, d.h. Menschen, die nach Anleitung der Vernunft ihren Nutzen suchen, nichts für sich verlangen, was sie nicht auch für die übrigen Menschen fordern, d.h. also: gerecht, treu und ehrenhaft zu sein."

Reflexion der Reflexion

Unter Reflexion können wir das Nachdenken über eine Sache, einen Gegenstand, ein Thema verstehen. Reflexion kann aber auch die aufmerksame Hinwendung auf die *Thematisierung* selbst bedeuten, das heißt auf die Bewegung, *in* der wir über das jeweilige Thema nachdenken oder reden. Diese reflexive Bewegung, diese Reflexion der Reflexion, dieses Nachdenken des Nachdenkens birgt freilich die Gefahr eines unendlichen Regresses, in dem uns die Reflexion bei jedem Versuch, sie zu fassen, entgleitet. Denn wenn wir die Thematisierung in den Blick nehmen, wird diese in gewisser Weise selbst zum Thema einer neuen Thematisierung, die wiederum selbst zum Thema werden kann und so fort bis ins Unendliche. Tatsächlich aber ist Reflexion, wie Dietrich Böhler[88] und Wolfgang Kuhlmann[89] zeigen, zumindest

---

88 Böhler, Dietrich: Verbindlichkeit aus dem Diskurs. Denken und Handeln nach der Wende zur kommunikativen Ethik – Orientierung in der ökologischen Dauerkrise, Freiburg/München: Studienausgabe 2014, S. 287.
89 Kuhlmann, Wolfgang: Der Stufengang der Reflexion, in: J. O.

hinsichtlich ihrer Sinnkriterien kein unendlicher Regress, sondern eine Art Aufstufung, die in sich selbst zu einem Abschluss kommt.

So kann die erste Stufe zum Beispiel darin bestehen, dass wir einen Text auf Vorurteile prüfen und somit einer Kritik unterziehen. Eine solche Prüfung ist freilich nur sinnvoll, wenn wir sie auch auf sich selbst anwenden, also eine Reflexion der Reflexion, eine Kritik der Kritik vornehmen, indem wir auch die Prüfung als solche auf Vorurteile prüfen. Diese zweite Reflexionsstufe markiert den Übergang vom Was zum Wie: Während auf der ersten Stufe der Maßstab der Vorurteilsfreiheit an den Gegenstand der Prüfung angelegt wird, wird er auf der zweiten Stufe an diese Prüfung selbst angelegt. Die dritte Stufe schließlich richtet ihre Aufmerksamkeit auf den Maßstab, das Kriterium der Vorurteilsfreiheit selbst: ist dieser angewandte Maßstab überhaupt notwendig oder selbst

---

Beckers, F. Preußger u. Th. Rusche (Hg.): Dialog – Reflexion – Verantwortung. Zur Diskussion der Diskurspragmatik, Würzburg 2013, S. 47-61.

kritikwürdig? Unterliegt er selbst einem Vorurteil? Dabei ergibt sich, jedenfalls in einer dialogreflexiven Prüfung, das heißt in einer Reflexion „auf das Argumentieren im Zuge des Argumentierens"[90] (Böhler), einer „Reflexion auf den Diskurs im Diskurs"[91] (Apel), dass dieser Maßstab unhintergehbar ist, weil auch Kritiker*innen oder Skeptiker*innen ihn in Anspruch nehmen müssen, wollen sie nicht die Geltungsfähigkeit ihrer Argumente untergraben. Insgesamt kommt die Reflexion damit auf ihrer dritten Stufe zu einem Ende, zu einem Abschluss, weil sie einen Maßstab als notwendige Voraussetzung erkennt, den sie bereits anwendet. Sie erweist also, und das ist das entscheidende, ihre eigene kriteriale Praxis als unhintergehbar und kommt damit zu sich selbst. Dies zeigt sich auch im Ergebnis: während die Resultate der

---

[90] Böhler, Dietrich: Die sinnkritische Einheit der Vernunft und ihre Differenzierung – Karl-Otto Apels Begründungsreflexion, in: Bernadette Herrmann/Harald Asel/Dietrich Böhler (Hg.): Diskursverantwortung in Krisen- und Kriegszeiten, Baden-Baden 2023, S. 61.
[91] Apel, Karl-Otto: Auseinandersetzungen in Erprobung des transzendentalpragmatischen Ansatzes, Frankfurt am Main 1998, S. 179.

ersten beiden Stufen fehlbar sind und ständiger Überprüfung bzw. Kritik bedürfen, lässt sich die dritte Stufe nicht mehr mit den eigenen Mitteln (des Kritikübens, Bezweifelns usw.) schlagen, weil ihr Maßstab in diesen schon vorausgesetzt ist. Die dritte Stufe begründet damit für die ersten beiden Stufen ein zwar nicht unbedingt erfüllbares, aber doch regulativ notwendiges Prinzip, eben einen Maßstab. Während also die zweite Stufe den Übergang vom Was zum Wie vollzieht, bezeichnet die dritte Stufe das inhärente Prinzip selbst, den Maßstab, das Kriterium, das Ideal, das Regulativ. Sie bringt damit die Reflexion zu einem Abschluss.

Diese Operation lässt sich auch für andere Sinn- und Geltungskriterien durchführen wie zum Beispiel Konsistenz, Möglichkeit, Verzerrungsfreiheit, Vielfalt oder Verantwortung. Allen ist gemeinsam, dass sie untereinander in einer Art Logos-Gewebe verknüpft sind und nicht nur im Bejahen, sondern auch im Verneinen sowie im Dazwischen, dem Zweifeln, vorausgesetzt sind. Für genetische Kategorien dagegen wie Geschichte, Geschlecht oder Gesellschaft gilt das nicht: sie lassen sich skeptisch in Frage stellen, ohne dieser Skepsis schon zugrunde liegen zu müssen. Die Idee eines unheilbaren Denkens, das durch die Geschichte, die gesellschaftliche Ordnung oder andere Faktoren so beeinflusst, durchdrungen und korrumpiert ist, dass es aufgegeben und durch Formen des Nicht-Denkens ersetzt werden muss, erweist sich damit als selbstwidersprüchlich.

Indem Reflexion die Unhintergehbarkeit der Sinnkriterien aufweist, die sie in ihrer Bewegung mitführt, ist sie zugleich eine Selbsteinholung des Logos, der Vernunft, die gerade deshalb nicht als ein dingliches Vermögen, sondern als reflexives Verhältnis zu verstehen ist. Zuweilen betrachten wir Vernunft, als komme sie von außen, als sei sie ein Eindringling, ein Aufgezwungenes, das uns von uns selbst entfremdet. Dabei ist es genau umgekehrt: Die Kritik an der Vernunft ist *schon* Vernunft. Vernunft manipuliert uns nicht, sondern kann uns im Gegenteil davor bewahren, manipuliert zu werden. Vernunft gehört daher zu uns, was freilich nicht besagen soll, dass sie subjektiv sei. Vernunft und Dialog stehen vielmehr in einem unauflöslichen Verhältnis: Ohne Dialog bzw. Intersubjektivität gäbe es keine Vernunft, und ohne Vernunft könnten wir nicht am Dialog teilnehmen. Da wir Teil der intersubjektiven Vernunft sind, ist sie auch ein Teil von uns. Dass sie aber ein Teil von uns ist, bedeutet, dass wir in Übereinstimmung mit uns selbst handeln, wenn wir uns von Vernunft leiten lassen. Spinoza zeigt dabei, dass dies keinesfalls Gefühle ausschließt, sondern im Gegenteil mit Freude verbunden sein kann.

Im Kontrast dazu kappt *Narziss*, der sich in sein eigenes Spiegelbild verliebt und daran zugrunde geht, das Band seiner Vernunft. Er reflektiert gerade nicht auf die Bewegung seiner Liebe, sondern verliert sich in der Gegenstandsbetrachtung. So sieht er nicht ein[92], dass er

---

92 Einsicht, sagt Hans-Georg Gadamer, „enthält stets ein Zurückkommen von etwas, worin man verblendeterweise befangen war" und damit „immer ein Moment der Selbsterkenntnis". Gadamer, Hans-Georg: Wahrheit und Methode. Grundzüge einer philosophischen Hermeneutik, Tübingen 1990, S. 362.

nicht erst Gegenstand, sondern schon Voraussetzung seiner Liebe ist und verschwindet daher in seiner Projektion. Soghaft blickt er in den gleichen Abgrund wie der Selbsthass, der ebenfalls seine eigene Voraussetzung verkennt und damit einem selbstwidersprüchlichen Schein unterliegt. So zeigt sich: *ohne Reflexion keine Vernunft*, was sich auch noch auf die Vernunft selbst erstreckt. Schließlich gilt, in den Worten Dietrich Böhlers: „Vernunft widerspricht sich mit Notwendigkeit, wenn sie der Selbstreflexion ermangelt."[93]

---

[93] Böhler, Dietrich: Unser Aufklärer Kant. Eine narrative, zuweilen diskursive Hommage als Hinführung, Berlin 2024, S. 47.

Gib keinen Garten je verloren

Gefühle folgen, zumindest teilweise, einer Logik der Möglichkeiten. Mut ermöglicht Handeln, während Wut Ohnmacht und Hilflosigkeit ausdrückt: die Unmöglichkeit zu handeln, die in eine verzweifelte Ersatzhandlung umschlagen kann, in ein Umsichschlagen. Angst bezeichnet den drohenden Verlust von Möglichkeiten, zum Beispiel die Angst zu erblinden oder die Furcht, einen unverzeihlichen Fehler zu begehen. Angst kann dabei selbst hindern, in Unmöglichkeit kehren, nämlich dann, wenn sie uns lähmt. Traurigkeit ist die emotionale Antwort auf einen Verlust, Enttäuschung die Reaktion auf eine unerfüllte Erwartung, etwa ein gebrochenes Versprechen. Freude hingegen markiert die Erweiterung von Möglichkeiten oder deren Erfüllung. Großzügigkeit und die Freude des Schenkens ermöglichen anderen etwas. Neid und Eifersucht dagegen beklagen, dass anderen möglich ist, was einem selbst verwehrt ist. Hoffnung schließlich regt sich im Angesicht zukünftiger Möglichkeiten; sie schließt die Zukunft auf wie die Neugier die Welt.

Hoffnung ist der Glaube, dass sich das Gute – trotz allem – erfüllen kann.[94] Hoffnung lässt uns weitermachen, auch wenn es aussichtslos erscheint. „Was wäre das Leben ohne Hoffnung?", heißt es bei Hölderlin. „Ein Funke, der aus der Kohle springt und erlischt."[95] Wollen wir allerdings die Hoffnung nur für uns, bleibt sie also ein bloßes „Für-sich-erhoffen"[96] (Heidegger), kann sie in Verzweiflung umschlagen, da wir *endlich* sind. Daher gilt es nach Corine Pelluchon, Hoffnung über den Horizont unserer Endlichkeit hinauszudenken und auf die Nachwelt zu erweitern.[97] Erst dann kann sie uns auf Dauer tragen. Erst dann kann sie unsere Angst besiegen. Erst dann gewinnen wir ein Stück Ewigkeit.

---

94 Zuversicht dagegen ist der Glaube, dass sich das Gute erfüllen *wird*.
95 Hölderlin: Werke III, Frankfurt am Main 1983, S. 25.
96 Heidegger: Sein und Zeit, Tübingen 1986, S. 345.
97 Pelluchon, Corine: Die Durchquerung des Unmöglichen. Hoffnung in Zeiten der Klimakatastrophe, München 2023.

Ingeborg Bachmann drückt dies in ihrem Gedicht „Böhmen liegt am Meer" aus:

Sind hierorts Häuser grün, tret ich noch in ein Haus.
Sind hier die Brücken heil, geh ich auf gutem Grund.
Ist Liebesmüh in alle Zeit verloren, verlier ich sie hier gern.

Bin ich's nicht, ist es einer, der ist so gut wie ich.

Grenzt hier ein Wort an mich, so laß ich's grenzen.
Liegt Böhmen noch am Meer, glaub ich den Meeren wieder.
Und glaub ich noch ans Meer, so hoffe ich auf Land.

Bin ich's, so ist's ein jeder, der ist soviel wie ich.
Ich will nichts mehr für mich. Ich will zugrunde gehn.

Zugrund – das heißt zum Meer, dort find ich Böhmen wieder.
Zugrund gerichtet, wach ich ruhig auf.
Von Grund auf weiß ich jetzt, und ich bin unverloren.[...][98]

---
98 Bachmann, Ingeborg: Werke, München 1982, I, 167. Vgl. Byung-

Logisch betrachtet ist Hoffnung keineswegs irrational. Sie lässt sich vielmehr aus der Tatsache begründen, dass ihre Gegensätze, *Resignation* und *Fatalismus*, in eine *self-fulfilling prophecy* münden. Wer resigniert, wer kapituliert, wer fatalistisch ist, bemüht sich nicht mehr. Er hört auf zu handeln. Er stellt sich dem „Schicksal" nicht mehr in den Weg, so dass es ungehindert seinen Lauf nehmen kann und damit genau das eintreffen lässt, was als unausweichlich bereits vorausgesetzt wurde. Die Voraussage erfüllt sich selbst. Fatalismus wäre daher „Todsünde"[99], wie Hans Jonas sagt.

Weil es aussichtslos ist,
lege ich die Hände in den Schoß. Nein:
Weil ich die Hände in den Schoß lege,
ist es aussichtslos.

Chul Han: Der Geist der Hoffnung. Wider die Gesellschaft der Angst, Berlin 2024, S. 59-62.
99 Jonas, Hans: Fatalismus wäre die eine Todsünde des Augenblicks, in Böhler, Dietrich (Hg.): Hans Jonas. Fatalismus wäre Todsünde. Gespräche über Ethik und Mitverantwortung im dritten Jahrtausend, Münster 2005, S. 53-55, Zitat S. 54.

Resignation und Fatalismus sind aber nicht nur selbsterfüllend. Zugleich sind sie selbstwidersprüchlich. Denn zum einen stehen sie im Widerspruch zur Verantwortung, die wir auch für unser Nicht-Tun haben – wenn wir resignieren oder uns fatalistisch enthalten, verantworten wir, uns der Verantwortung zu entziehen. Zum anderen konterkarieren sie ihren Geltungsanspruch, indem sie der Etablierung von geschlossenen Strukturen (etwa einer Diktatur) Vorschub leisten, in denen Geltungsansprüche nicht mehr frei vertreten werden dürfen. Hoffnung dagegen setzt auf künftige Möglichkeiten. Anders als die Resignation ist sie bereit zu handeln, selbst wenn es aussichtslos erscheint, und anders als der Fatalismus ist sie überzeugt, dass es sich lohnt.

Gib keinen Garten je verloren,
jeden Tropfen ist er wert.
Gib keinem nach, der unverfroren
Hoffnung in Verzweiflung kehrt.

Epilog: Ich weiß, dass ich nichts weiß

Lässt sich eine Textsammlung anhand eines einzigen Satzes zusammenfassen? Ich will es zumindest versuchen – mittels eines berühmten, Sokrates zugeschriebenen und vielfach ausgelegten Satzes, der nur auf den ersten Blick paradox erscheint, nämlich: *Ich weiß, dass ich nichts weiß.*[100]

Der Zauber des Lernens

Ich weiß, dass ich nichts weiß: Ich versuche daher, anderen Menschen unvoreingenommen und vorurteilsfrei zu begegnen – in einer Haltung des Lernens.

---

100 Der ursprüngliche Satz findet sich in der Apologie und lautet: „Denn von mir selbst wußte ich, daß ich gar nichts weiß". Platon: Apologie, 22d.

Phönix aus dem Zweifel

Ich weiß, dass ich nichts weiß: Philosophie gibt nicht vor, schon im Besitz der Wahrheit zu sein, sondern macht den Prüfstein zu ihrem Grundstein.

Unerschütterlichkeit

Ich weiß, dass ich nichts weiß: Aber dieses Ich, das weiß, ist gerade darum unerschütterlich.

Ermöglichung und Freude

Ich weiß, dass ich nichts weiß: Ich versuche daher, die Vorurteile loszulassen, um mir und anderen so viel wie möglich zu ermöglichen.

Reflexion der Reflexion

Ich weiß, dass ich nichts weiß: Wenn ich meine Vorurteile schon für Wissen halte, verbaue ich mir das Wissen. Im Wissen um die Unhintergehbarkeit der Unterscheidung zwischen Wissen und bloßem Vorurteil kommt die Reflexion zu einem Abschluss.

Gib keinen Garten je verloren

Ich weiß, dass ich nichts weiß: Ich wüsste daher auch keinen Grund, die Hoffnung aufzugeben und die Hände in den Schoß zu legen.

Verwendete Literatur

Alberti, Leon Battista: Über die Seelenruhe, Berlin 2022.

Apel, Karl-Otto: Auseinandersetzungen in Erprobung des transzendentalpragmatischen Ansatzes, Frankfurt am Main 1998.

Arendt, Hannah: *Besuch in Deutschland. Die Nachwirkungen des Naziregimes*, in: dieselbe: Zur Zeit. Politische Essays, hrsg. von Marie Luise Knott und übers. von Eike Geisel, Berlin 1986, S. 43-70.

Arendt, Hannah: Vom Leben des Geistes. Das Denken. Das Wollen, München 2008.

Aristoteles: Metaphysik, Reinbek bei Hamburg 1994.

Aristoteles: Nikomachische Ethik, Reinbek bei Hamburg 2006.

Bachmann, Ingeborg: Werke, München 1982.

Berthold, Jürg: Stimmen. Aus dem beschädigten Selbstverständnis der Philosophie, Basel 2011.

Böhler, Dietrich: Rekonstruktive Pragmatik Frankfurt am Main 1985.

Böhler, Dietrich (Hg.): Hans Jonas. Fatalismus wäre Todsünde. Gespräche über Ethik und Mitverantwortung im dritten Jahrtausend, Münster 2005.

Böhler, Dietrich: Zukunftsverantwortung in globaler Perspektive, Bad Homburg 2009.

Böhler, Dietrich: Verbindlichkeit aus dem Diskurs. Denken und Handeln nach der Wende zur kommunikativen Ethik – Orientierung in der ökologischen Dauerkrise, Freiburg/München: Studienausgabe 2014.

Böhler, Dietrich: Die sinnkritische Einheit der Vernunft und ihre Differenzierung – Karl-Otto Apels Begründungsreflexion, in: Bernadette Herrmann/Harald Asel/Dietrich Böhler (Hg.): Diskursverantwortung in Krisen- und Kriegszeiten, Baden-Baden 2023.

Böhler, Dietrich: Unser Aufklärer Kant. Eine narrative, zuweilen diskursive Hommage als Hinführung, Berlin 2024.

Braidotti, Rosi: Politik der Affirmation, Berlin 2018.

Byung-Chul Han: Der Geist der Hoffnung. Wider die Gesellschaft der Angst, Berlin 2024.

Madame du Châtelet: Rede vom Glück. Discours sur le bonheur, Berlin 1999.

Edgeworth, Maria: Belinda, Stuttgart 2022.

Eliot, George: Romola, Bergisch-Gladbach 1998.

Eliot, George: Middlemarch. Eine Studie über das Leben in der Provinz, Hamburg 2019.

Ellis, Albert u. Maclaren, Catharine: Rational-emotive Verhaltenstherapie, Paderborn 2015, S. 19.

Epiktet: Handbüchlein der Moral, München 2017.

Epikur: Philosophie des Glücks. Übersetzt, ausgewählt und mit einem Nachwort versehen von Bernhard Zimmermann. Kleine Bibliothek der Weltweisheit 13, München 2006.

Deleuze, Gilles: Spinoza – Praktische Philosophie, Berlin 1988.

Diogenes Laertius: Leben und Meinungen berühmter Philosophen, Hamburg 2008.

Frankl, Viktor: Über den Sinn des Lebens, Weinheim 2019.

Gadamer, Hans-Georg: Wahrheit und Methode. Grundzüge einer philosophischen Hermeneutik, Tübingen 1990.

Geier, Manfred: Aufklärung. Das europäische Projekt, Reinbek bei Hamburg 2013.

Hegel, G.W.F.: Vorlesungen über die Geschichte der Philosophie, III, in: Werke 20, Frankfurt am Main 1971.

Hegel, Georg Wilhelm Friedrich: Phänomenologie des Geistes, Werke 3, Frankfurt am Main 1986

Heidegger: Sein und Zeit, Tübingen 1986.

Heller, Agnes: Die Welt der Vorurteile. Geschichte und Grundlagen für Menschliches und Unmenschliches, Wien/Hamburg 2014.

Herrmann, Bernadette: Das Problem des Bösen und der Begleitdiskurs, in: J. O. Beckers, F. Preußger u. Th. Rusche (Hg.): Dialog – Reflexion – Verantwortung. Zur Diskussion der Diskurspragmatik, Würzburg 2013, S. 99-106.

Hillesum, Etty: Ich will die Chronistin dieser Zeit werden. Sämtliche Tagebücher und Briefe 1941-1943, München 2023.

Hölderlin: Werke III, Frankfurt am Main 1983.

Hösle, Vittorio: Die Krise der Gegenwart und die Verantwortung der Philosophie. Transzendentalphilosophie, Letztbegründung, Ethik, München 1990.

Jonas, Hans: Fatalismus wäre die eine Todsünde des Augenblicks, in: Böhler, Dietrich (Hg.): Hans Jonas. Fatalismus wäre Todsünde. Gespräche über Ethik und Mitverantwortung im dritten Jahrtausend, Münster 2005, S. 53-55.

Jullien, François: Philosophie des Lebens, Wien 2012.

Konfuzius: Gespräche (Lun-yu), Stuttgart 1998.

Kuhlmann, Wolfgang: Reflexive Letztbegründung, Freiburg/München 1985.

Kuhlmann, Wolfgang: Der Stufengang der Reflexion, in: J. O. Beckers, F. Preußger u. Th. Rusche (Hg.): Dialog – Reflexion – Verantwortung. Zur Diskussion der Diskurspragmatik, Würzburg 2013, S. 47-61.

Lenoir, Frédéric: Le Miracle Spinoza. Une philosophie pour éclairer notre vie, 2017.

Levinas, Emmanuel: Ethik als Erste Philosophie, Wien 2022.

Meyer, Olaf: „Verteidigung des Dialogs gegen seine Feinde", in: Bernadette Herrmann/Harald Asel/Dietrich Böhler (Hg.), Diskursverantwortung in Krisen- und Kriegszeiten, Baden-Baden 2023, Seite 114-119.

Murdoch, Iris: Die Souveränität des Guten, Berlin 2023.

NDiaye, Marie: Drei starke Frauen, Berlin 2010.

Nishida Kitarō: Über das Gute (*Zen no kenkyū*, 1911), Frankfurt am Main 1989.

Ovid: Metamorphosen, Stuttgart 1971.

Pelluchon, Corine: Ethik der Wertschätzung. Tugenden für eine ungewisse Welt, Darmstadt 2019.

Pelluchon, Corine: Die Durchquerung des Unmöglichen. Hoffnung in Zeiten der Klimakatastrophe, München 2023.

Pessoa, Fernando: Das Buch der Unruhe, Zürich 2006.

Pico della Mirandola, Giovanni: Über die Würde des Menschen, Zürich 1988.

Pigliucci, Massimo: Die Weisheit der Stoiker. Ein philosophischer Leitfaden für stürmische Zeiten, München 2017.

Piper, Annemarie: Glückssache. Die Kunst gut zu leben, Hamburg 2001.

Platon: Sämtliche Werke. In der Übersetzung von Friedrich Schleiermacher, Hamburg 1957.

Pym, Barbara: Quartett im Herbst, Köln 2021.

Rancière, Jacques: Der unwissende Lehrmeister. Fünf Lektionen über die intellektuelle Emanzipation, 3., verbesserte Auflage Wien 2018.

Rössler, Beate: Autonomie. Ein Versuch über das gelungene Leben, Berlin 2017.

Schällibaum, Urs: Macht und Möglichkeit. Konzeptionen von Sein-Können im Ausgang von Hölderlin und Novalis, Wien 2013.

Sei Shōnagon: Das Kopfkissenbuch einer Hofdame. Aus d. Japan. übers. u. hrsg. v. Mamoru Watanabe. Illustr. v. Masami Iwata. 13. Auflage, München/Zug 1996.

Spinoza: Die Ethik. Schriften und Briefe, Stuttgart 1976.

Spinoza, Benedictus de: Die Ethik. Lateinisch/Deutsch, Stuttgart 1977.

Spinoza, Baruch de: Werke in 3 Bänden, Hamburg 2006.

Stekeler-Weithofer, Pirmin: Philosophiegeschichte, Berlin 2006.

Tugendhat, Ernst: Antike und moderne Ethik, in: ders.: Probleme der Ethik, Stuttgart 1984, S. 33-56.

Weisz, Antonia Isabelle: Ein Lehrer und eine Wiese. Eine Ermutigung, Norderstedt 2024.

Yalom, Irvin D.: Das Spinoza-Problem, München 2012.

Zorn, Daniel-Pascal: Vom Gebäude zum Gerüst. Entwurf einer Komparatistik reflexiver Figurationen in der Philosophie, Berlin 2016.

Zorn, Daniel-Pascal: Logik für Demokraten, Stuttgart 2017.

Olaf Meyer, geb. 1966, lebt und praktiziert in Berlin. Er studierte Medizin und Philosophie. 2004 promovierte er im Fachbereich Medizingeschichte (Leib-Seele-Problem und Medizin, Würzburg 2005). Seit 2004 ist er als Facharzt für Allgemeinmedizin niedergelassen. Er war lange Zeit Vorstandsmitglied im Hans-Jonas-Zentrum und schrieb für die Kritische Gesamtausgabe Hans Jonas einen Teil der Herausgeberkommentare zu „Macht oder Ohnmacht der Subjektivität".

Milton Keynes UK
Ingram Content Group UK Ltd.
UKHW022016071224
452128UK00001B/12